A FUNÇÃO DO RITMO
NA RELAÇÃO PAIS-BEBÊS

CONSELHO EDITORIAL

André Luiz V. da Costa e Silva

Cecilia Consolo

Dijon De Moraes

Jarbas Vargas Nascimento

Luís Augusto Barbosa Cortez

Marco Aurélio Cremasco

Rogerio Lerner

Blucher

A FUNÇÃO DO RITMO NA RELAÇÃO PAIS-BEBÊS

Uma visão psicanalítica

Martha Pereira de Almeida Pinedo

A função do ritmo na relação pais-bebês: uma visão psicanalítica
© 2023 Martha Pereira de Almeida Pinedo
Editora Edgard Blücher Ltda.

Publisher Edgard Blücher
Editores Eduardo Blücher e Jonatas Eliakim
Coordenação editorial Andressa Lira
Produção editorial Ariana Corrêa
Preparação de texto Ana Maria Fiorini
Diagramação Villa d'Artes
Revisão de texto Marco Antonio Cruz
Capa Laércio Flenic
Imagem da capa José Carlos Lollo

Blucher

Rua Pedroso Alvarenga, 1245, 4º andar
04531-934 – São Paulo – SP – Brasil
Tel.: 55 11 3078-5366
contato@blucher.com.br
www.blucher.com.br

Segundo o Novo Acordo Ortográfico, conforme
6. ed. do *Vocabulário Ortográfico da Língua
Portuguesa*, Academia Brasileira de Letras, julho
de 2021.

É proibida a reprodução total ou parcial por
quaisquer meios sem autorização escrita da
editora.

Todos os direitos reservados pela Editora Edgard
Blucher Ltda.

Dados Internacionais de Catalogação na
Publicação (CIP)
Angélica Ilacqua CRB-8/7057

Pinedo, Martha Pereira de Almeida

A função do ritmo na relação pais-bebês : uma
visão psicanalítica / Martha Pereira de Almeida
Pinedo. – São Paulo : Blucher, 2023.

182 p.

Bibliografia

ISBN 978-65-5506-722-4

1. Psicanálise 2. Parentalidade 3. Pais e filhos
I. Título

23-2756   CDD 150.195

Índice para catálogo sistemático:
1. Psicanálise

Se quiseres vir a mim...,
bem..., mas... lentamente, suavemente,
a fim de não arranhar a porcelana da minha solidão.

Sohrab Sepehri (1980)

Para Vera

Agradecimentos

Agradeço imensamente à Rosa Maria Tosta, minha orientadora nessa pesquisa. Por sua escuta atenta e generosa, pelo carinho com que me recebeu e a forma afetuosa com que me acompanhou. Pelos ensinamentos transmitidos e pelas experiências winnicottianas que me proporcionou ao longo desses anos. Minha gratidão por sua incansável disponibilidade, por seu compromisso com a academia, suas contribuições para este trabalho e por seu acolhimento.

À querida Maria Cecília Pereira da Silva que, além de me orientar no grupo de supervisão e me alimentar constantemente com textos e ricas discussões, contribuiu decisivamente com questões e sugestões para o desenvolvimento desse trabalho.

À Isabel da Silva Kahn Marin, por suas ricas considerações para a elaboração final desta pesquisa.

À Elisa Maria de Ulhôa Cintra, por sua disponibilidade e generosidade, pela leitura atenciosa e precisa, e pelas valiosas contribuições para esse livro.

Ao José Carlos Lollo, pelo seu incrível talento em traduzir um livro em uma imagem.

Ao meu pai, Luiz Carlos (*in memoriam*), por sua determinação, coragem e generosidade. Sua ética e seu exemplo de perseverança foram sempre fontes de profunda admiração e inspiração.

À minha mãe, Vera (*in memoriam*), por seu exemplo de maternidade. Por ser a forma concreta do amor e de todas as suas virtudes: caridade, resiliência, aceitação, paciência, devoção, entrega, generosidade e fé. Agradeço por você estar sempre presente. Sempre presente.

Ao meu marido e companheiro de vida, Alejandro. Por seu amor, paciência, apoio e generosidade. Por sua eterna curiosidade pelo mundo e por constantemente provocar e despertar em mim novos campos de pensamento.

À Sofia, minha filha, que com sua alegria me ensina diariamente a ser mãe.

Prefácio

Captando o instante do entre

Rosa Maria Tosta[1]

> *Tempo lento,*
> *espaço rápido,*
> *quanto mais penso,*
> *menos capto.*
> *Se não pego isso*
> *que me passa no íntimo,*
> *importa muito?*
> *Rapto o ritmo.*
>
> (Paulo Leminski, *O mínimo do máximo*)

As palavras do poeta podem traduzir a sensação e a qualidade da experiência de troca intercorpórea entre as subjetividades humanas em aproximações amorosas, a qual pode ser captada pelo ritmo, rico tilintar no espaço-tempo da vida. Este livro resulta da aproximação de Martha com a sacralidade deste encontro nos primórdios da existência, entre o bebê que chega ao mundo e o adulto que o recebe.

---

1 Professora associada do Departamento de Psicologia do Desenvolvimento Humano da Faculdade de Ciências Humanas e da Saúde da Pontifícia Universidade Católica de São Paulo (PUC-SP). Docente da graduação e do Programa de Estudos Pós-Graduados em Psicologia Clínica no Núcleo de Método Psicanalítico e Formações da Cultura (PUC-SP). Atua como psicoterapeuta e supervisora em clínica privada. Membro fundador do Laboratório Interinstitucional de Estudos da Intersubjetividade e Psicanálise Contemporânea (LIPSIC) – Instituto de Psicologia da USP (IPUSP) e PUC-SP. Membro do Grupo Brasileiro de Pesquisas Sándor Ferenczi. Membro do Espaço Potencial Winnicott do Instituto Sedes Sapientiae.

12   PREFÁCIO

Podemos testemunhar a delicadeza nos relatos de observações com os quais a autora nos presenteia no decorrer de seu texto.

O trabalho apresentado destaca o ritmo como mediador da relação entre pais e bebês, e seu papel na constituição psíquica do *infans*. Salienta, ainda, as formas de comunicação não verbal (analógica) e verbal (digital) que atravessam a troca rítmica mutual nas interações iniciais.

Pude captar mais da sensibilidade que o texto revela pelo fato de ter tido a oportunidade de acompanhar o percurso do trabalho da autora. Vou contar brevemente este caminho percorrido. Tive o privilégio de participar da gestação das ideias de Martha, desde o início interessada nos primeiros tempos de vida e na contribuição materna e parental para a constituição da subjetividade. Desde seu projeto de entrada no mestrado do Programa de Psicologia Clínica da PUC-SP, já cogitava utilizar o método Bick de observação de bebês. Na oportunidade, Martha pensava num projeto de prevenção ou intervenção na relação mães-pais-bebês, vislumbrando um atendimento psicológico em que pudesse atuar precocemente, viabilizando situações de contato e interação inter-humana que constituem as bases da saúde psíquica das crianças. Trabalhamos esta possibilidade, a qual, no entanto, se mostrou de execução inviável no tempo de uma pesquisa de mestrado. De qualquer forma, os resultados de seu trabalho podem servir de base e referência teórica para os profissionais de saúde da área de cuidados materno-infantil, assim como auxiliar na construção de políticas públicas de promoção de saúde na primeira infância. No amadurecimento deste processo de construção da pesquisa, a autora pôde encontrar o eixo fundamental para sua investigação: a questão do ritmo na intersubjetividade humana.

Martha, ao começar o mestrado, já tinha significativa experiência de atuação na clínica psicanalítica, o que lhe foi de grande valia para o campo prático de realização das observações de mães-pais-bebês.

Pôde levar sua atitude delicada, profundamente humana e ética para esse campo de trabalho, tão necessitado de mais estudos fundamentados, como o que resultou neste livro.

Em virtude de sua maturidade intelectual e sua destreza na escrita, pôde elaborar um trabalho com todo o rigor científico exigido na universidade, mas apresentando um texto leve e acessível à leitura. Desta forma, a obra consegue aproximar os leitores de um bom número de autores fundamentais da psicanálise dedicados ao tema da primeira infância, como Donald Winnicott, Serge Lebovici, Bernard Golse, Albert Ciccone, Daniel Marcelli, Daniel Stern, Colwyn Trevarthen e Victor Guerra, além de Esther Bick.

Um desafio encontrado no caminho da escrita por aqueles que se aventuram a realizar pesquisa em psicanálise, sabiamente vencido pela autora-psicanalista, foi o de conseguir transpor para o texto o vaivém entre a clínica e a teoria. Afinal, inspirada em Winnicott, escrevi no texto "O fazer do pesquisador e a pesquisa psicanalítica" (Tosta, 2019b, p 293): "a contribuição da pesquisa psicanalítica é poder fazer uma ponte entre os aspectos subjetivos que normalmente são expressos no campo cultural pela música, arte e pela literatura, ao apresentarem a verdade poética, e os aspectos objetivos relativos aos fenômenos estudados pelo campo científico, mas agora já compreendidos numa inter-relação fundamental entre estas faces da verdade". Essa proeza é o que o presente texto alcança.

Sabemos que a prática clínica psicanalítica é alicerçada no tripé da boa formação: estudo teórico da psicanálise, análise pessoal e supervisões. Assim, de forma semelhante, a autora, inspirada nos três tempos – o tempo da observação, o tempo do registro, o tempo da supervisão –, conforme o método de observação de bebês Esther Bick, segue seus princípios: primeiro apresenta as observações realizadas, depois sua reflexão clínica, compartilhada no grupo de

14   PREFÁCIO

supervisão, e, ao final, as teorizações despertadas por essa prática. Dessa forma, o livro se compõe de duas partes: na primeira apresenta as observações de duas duplas pais-bebês, e na segunda nos brinda com as teorizações que puderam ser construídas no decorrer de toda a sua experiência.

A Parte I é composta de dois capítulos. Inicialmente tomamos conhecimento de como se apresentam as duas famílias observadas. Primeiro, a autora conta sobre os pais Helena e João, com o pequeno Pedro, a partir de seus 3 meses. A ética do encontro analítico atravessou todo o trabalho. Podemos acompanhar como Martha realizou a primeira entrevista e esclareceu todas as dúvidas da mãe, que no início parecia relutante em empreender esta viagem de compartilhamento da intimidade. A psicanalista acompanhou essa família e seus percalços até o bebê completar 1 ano e 4 meses, quando se mudou para outra cidade.

É muito rico poder acompanhar como o método que se propõe não intervencionista possibilitou um efeito que poderíamos caracterizar como psicoterapêutico, na medida em que a mãe contou sua história para "tornar-se mãe" e a psicanalista sentiu-se podendo ser um continente para as expectativas, medos e fantasias.

Uma experiência inédita pôde ocorrer nessa trajetória investigativa: a observação por via remota (online), a saída encontrada em decorrência da pandemia de Covid-19. Martha nos mostra as dificuldades e ganhos que a experiência proporcionou nos três encontros virtuais, que acabaram por surpreender em seus resultados clínicos.

A segunda família era composta de Patrícia e Luiz, com a pequena Laura, a partir dos seus 6 meses, que foi acompanhada até completar 1 ano. Pudemos conhecer uma dinâmica muito diferente da primeira família. Martha nos conta sua *rêverie*: de início, fez uma imagem de um quadro composto pela mãe e sua bebê sentadas na sala, com um gato caminhando lentamente entre elas. Os movimentos foram se ampliando no decorrer do tempo, à medida que a observadora pôde acompanhar a rotina de cuidados com Laura, inclusive com o pai.

No segundo capítulo da Parte I, a autora traz vinhetas de observações já organizadas segundo os eixos relativos ao ritmo que puderam emergir de um trabalho reflexivo e fundamentado sobre o conjunto de todas as observações. Foram colocados três eixos, que embora inter-relacionados, tinham suas especificidades: o eixo corporal, o eixo vocal e o eixo lúdico. O eixo corporal se evidenciou como o fundamental: sabemos como a comunicação arcaica nas interações pais-bebê antecedem em muito a aquisição da linguagem e deixam marcas indeléveis na corporeidade. Dentro do eixo corporal, puderam ser distintos quatro modos: 1) os ritmos corporais e a sincronia dos fluxos sensoriais; 2) o ritmo na presença e ausência do objeto; 3) o ritmo na cadência dos movimentos corporais; 4) o ritmo na comunicação não verbal. Nesse capítulo, presenciamos tal riqueza descritiva da vida inicial de bebês testemunhada pelas vinhetas que nos lembram narrativas poéticas, o que faz delas comunicações impossíveis de relatar sem adulterar a natureza e a qualidade dos encontros humanos.

Na Parte II do livro, Martha nos leva para uma outra viagem: a do pensamento psicanalítico atual sobre a construção inicial das trocas intersubjetivas da primeira infância. Começa discutindo o conceito de parentalidade e seus componentes: o jurídico, o da experiência subjetiva de tornar-se pais e da prática do cuidado parental. Também nos traz a ideia de Serge Lebovici sobre a "árvore da vida" e suas contribuições sobre a transmissão psíquica: tanto intergeracional como transgeracional. Sabemos quanto o mandato transgeracional é forte, por conseguir se enroscar nos vãos inconscientes. Em seguida, a autora aprofunda na concepção da maternalidade, destacando as ideias de Donald Winnicott sobre a preocupação materna primária e as de Daniel Stern sobre a constelação da maternidade.

Considero o Capítulo 4 o carro-chefe do texto por trazer justamente a teorização sobre o ritmo no processo de subjetivação.

Saliento a conceituação de Victor Guerra a respeito da ritmicidade conjunta primordial e o modo como Albert Ciccone aborda os três tipos de experiências rítmicas: presença e ausência do objeto; as trocas interativas e intersubjetivas; e a alternância entre abertura objetal e retirada narcísica. Essa alternância fundamental entre presença e ausência do objeto é iluminada por meio de vários autores, revelando a dialética entre aproximações e afastamentos que caracteriza os relacionamentos humanos saudáveis. Ainda vale notar a importância atribuída a Daniel Marcelli, que traz a ideia de repetição e rotina pelos macrorritmos, e a necessidade de surpresas, do lúdico, mediante os microrritmos. A autora também associa a abertura objetal e o retraimento narcísico à formulação winnicottiana de mãe-objeto e mãe-ambiente. Enfim, traz a inovação de Guerra que, inspirando-se em René Roussillon, explicita a questão da lei materna do encontro na construção subjetiva, a qual se alterna com e complementa a lei paterna da separação. Por fim, e não menos importante, há a exposição da proposta apresentada por Guerra dos onze itens que compõem a grade de indicadores de intersubjetividade.

O Capítulo 5 vem complementar de forma bela o lugar do ritmo nos primórdios, só que dessa vez focalizando a comunicação inicial mãe-bebê. Martha a organiza em dois eixos correlacionados: o primeiro, o da comunicação silenciosa, da mutualidade e das interações corporais, destacando as contribuições de Donald Winnicott e de Bernard Golse; o segundo eixo inclui os recursos acústicos, destacando as ideias de Daniel Stern (afetos de vitalidade) e de Stephen Malloch e Colwyn Trevarthen (musicalidade comunicativa).

Enfim, no Capítulo 6, a autora expõe, de modo bem completo, o método Esther Bick de observação de bebês, incluindo o histórico dessa proposta, como se caracteriza o método em seus três tempos, as implicações éticas e reflexões sobre a postura do observador.

Compartilho com muitos psicanalistas a noção do valor de ter essa experiência de observação de bebês nos moldes do método

Bick como parte importante da formação do psicanalista. Penso que a observação é a primeira tarefa do analista, ou seja, ser capaz de observar é o primeiro lugar da atitude clínica psicanalítica, que estaria associada à postura de atenção flutuante do analista, a que permite a livre associação e o brincar do paciente. Além disso, relaciono a atitude de observação ativa com uma das funções do analista. Nesse sentido, a partir das formulações de Winnicott, propus (Tosta, 2019a) que o analista tem prioritariamente duas funções: a de analista-ambiente e a de analista-objeto. Aqui relaciono a atitude de observação, de não intervenção, de espera ativa, de atenção do analista com a função analista-ambiente, aquele que sustenta a relação e que não exige resposta interativa.

Em todo o processo de construção do trabalho e neste feliz produto que ora apresento aos leitores, Martha consegue circular e transitar sempre nos espaços do entre, nos interstícios da relação entre pais e bebês. É no espaço potencial, na zona intermediária criativa, entre o subjetivo e o objetivo, que Martha transita, como se estivesse numa corda bamba, tal qual o ser humano na vida, um equilibrista numa "corda esticada sobre o abismo".

Referências

Leminski, P. (2013). Poema O mínimo do máximo. In P. Leminski, *Toda poesia*. Companhia das Letras.

Tosta, R. M. (2019a). Analista-ambiente e analista-objeto como funções na clínica winnitottiana: teoria e ilustrações. *Revista Latinoamericana de Psicopatologia Fundamental, 22*(3).

Tosta, R. M. (2019b). O fazer do pesquisador e a pesquisa psicanalítica. In I. Kublikowski, E. Kahhale & R. M. Tosta, *Pesquisas em psicologia clínica: contextos e desafios* (p. 285-304). Educ; Editora da PUC.

Conteúdo

Introdução   21

Parte I – Observando bebês   **31**

1. Apresentação das famílias observadas   33

2. Observando o ritmo na relação pais-bebê   45

Parte II – Dialogando com a teoria   **89**

3. Tornar-se pai, tornar-se mãe   91

4. O ritmo e o processo de subjetivação   103

5. Os prelúdios de uma comunicação mãe-bebê   125

6. O método Bick de observação de bebês   145

7. Considerações finais   161

Referências   169

Introdução

O início da maternidade exige uma grande reorganização psíquica da recém-mãe. Em um período muito curto de tempo ela terá de reelaborar seu papel de esposa, mulher, profissional e filha. Passará a ter um novo *status* legal e social; um novo corpo e uma nova responsabilidade que poderão exigir disponibilidade exclusiva para o seu bebê. Passará da posição de filha-da-mãe para mãe-do-filho. Essa adaptação nem sempre é fácil, envolvendo fantasias, medos, sonhos e lembranças da própria infância.

Por sua vez, a passagem da vida intrauterina para a vida pós-natal tampouco é simples para o bebê. Rapidamente, ele será inundado por novas sensações: luz, frio, calor, fome, cólica, entre tantas outras. Perderá a sustentação da parede uterina e passará a ter uma alimentação fracionada. Começará a sentir seu peso, os efeitos da gravidade e terá de reencontrar uma nova sustentação – seu contato com a mãe, a partir do qual se constituirá toda a gama de relações entre eles. Assim, entre a vida antes e depois do nascimento, coloca-se a exigência de um trabalho em face das mudanças de continuidade experimentadas no útero materno (Aragão, 2016).

A psicanalista escocesa Victoria Hamilton (1987) considera que os três primeiros meses de vida se caracterizam por uma busca mútua de harmonia. Segundo a autora, a recém-mãe deseja este estado tanto quanto o recém-nascido. Contudo, a depender das condições socioambientais, o encontro entre os dois pode ocorrer de forma desarmônica para ambos, prejudicar o processo de construção do vínculo e, consequentemente, o desenvolvimento emocional do bebê.

Seria possível ao psicanalista favorecer esse encontro? Uma escuta orientada poderia amparar e acolher a possível fragilidade da mulher que acabou de se tornar mãe? Tais perguntas me remeteram às palavras de Winnicott (1966/1996a):

> *Provavelmente, aqueles que já passaram pela experiência da maternidade e que se permitem olhar em torno teriam algum interesse em ler, e podem ajudar a fazer o que hoje em dia é tão necessário, ou seja, dar suporte moral à boa mãe comum, educada ou não, inteligente ou limitada, pobre ou rica e protegê-la contra tudo e todos que se interpuserem entre ela e seu bebê. Todos nós devemos juntar forças que capacitem o início e o desenvolvimento natural da relação emocional entre as mães e seu bebê. (p. 100)*

Interessante pensar que alguns anos mais tarde, em uma palestra proferida para médicos e enfermeiros na igreja de São Lucas, em outubro de 1970, Winnicott (1970/1996b) relembrou à sua audiência que a palavra "cura" teria, em sua raiz etimológica, o sentido de cuidado. Em seu pronunciamento, o psicanalista esclareceu que, por volta de 1700, esse sentido começou a degenerar e passou a designar um tratamento médico, ou seja, uma intervenção. Winnicott prosseguiu dizendo que a cura, ou seja, a erradicação bem-sucedida da doença e de sua causa pelo medicamento tendiam – àquela época – a se sobrepor à ideia de cuidado. Reforçou ainda que, embora fosse imprescindível conhecer os tratamentos, não se poderia perder de vista o cuidado.

No âmbito das relações iniciais, entendo que "cuidado" está relacionado à disponibilidade psíquica da mãe[1] para com seu filho, e carrega consigo a noção de dependência e confiabilidade. Assim, podemos pensar que, em condições suficientemente boas, as experiências de mutualidade nas trocas entre a mãe e seu bebê possibilitam ao infante iniciar seu processo de subjetivação, ao mesmo tempo que permitem à mãe apropriar-se de seu lugar de mãe. Mas e quando as condições não forem favoráveis? Como facilitar esse encontro que muitas vezes pode vir a se tornar tão difícil?

O interesse pelo campo do cuidado, da promoção e da prevenção em saúde mental me conduziu à clínica mãe-bebê e me motivou a realizar a presente pesquisa. O contato com o método de observação de bebês segundo Esther Bick veio como consequência natural desse acercamento. Por meio dele me aproximei de duas famílias e seus respectivos bebês, testemunhei "ao vivo" o nascimento psíquico de dois recém-nascidos e pude acompanhar a construção da parentalidade de casais acolhendo seus filhos e adaptando-se à nova vida.

Do ponto de vista teórico, parti de um olhar dirigido ao cuidado e, ao me aprofundar na literatura psicanalítica, deparei com a obra de Victor Guerra. A cadência de sua escrita e o diálogo que estabelece com o processo artístico me encantaram e me levaram a eleger o tema "ritmo" como objeto de pesquisa para a dissertação que deu origem a este livro.

---

1 Ao me referir à mãe – ou mesmo à dupla mãe/bebê – ao longo dos capítulos teóricos, gostaria de incluir também a figura de outras pessoas, de qualquer gênero, que exerçam o papel de cuidador primário, que, em muitos casos, cumpre a função materna.

24 INTRODUÇÃO

Mas o que seria o ritmo? Descrevê-lo parece ser uma tarefa complexa. A Sociedade Artística Brasileira (2017), por exemplo, definiu o ritmo como o elemento mais genuíno da natureza, presente nas batidas do coração, no caminhar dos animais, no som da respiração e em tantos outros fenômenos. No campo da música, por outro lado, ritmo pode ser definido como uma ordem na repartição das durações de cada um dos três elementos, cujo conjunto constitui o fenômeno musical: a melodia, a palavra e o movimento corporal (Sulpicio, Bomfim e Sulpicio, 2019).

Do ponto de vista psicanalítico, Guerra (2020) sugere que o ritmo parece formar parte de um elemento fundamental e fundante da condição do ser humano como sujeito de comunicação com o outro. Buscar compreender sua função no desenvolvimento da vida psíquica implica reconhecer os encontros não verbais como o canal primário de comunicação entre a mãe e seu bebê. Assim, nos primeiros estágios da relação, a comunicação se daria em termos de corpos vivos (Winnicott, 1969/1994). Em outras palavras, uma comunicação pautada por elementos que dão forma à melodia do encontro: o *holding* em sua dimensão física e psíquica; os sons junto ao corpo do cuidador, como os batimentos cardíacos e a respiração; os cheiros e a voz da mãe. Cada movimento e cada palavra dirigida ao bebê são impregnados por um ritmo próprio do cuidador. A função rítmica do ambiente, segundo Guerra (2020), ajudaria o bebê a organizar e coordenar os diferentes fluxos sensoriais a que está submetido, interna e externamente, colaborando para que ele possa progressivamente se apropriar de seu universo de sensações.

A ideia de ritmo postulada por Guerra me levou ao filme alemão *O dia em que eu não nasci* (*Das Lied in mir*, 2011, Alemanha),[2] do diretor Florian Cossen. Trata-se da história de uma jovem alemã, Maria Falkenmayer, que a caminho do Chile faz uma escala em

---

2 Disponível em: https://www.youtube.com/watch?v=ZOS3wKtxv7g.

Buenos Aires. Esperando sua conexão, a jovem se depara com uma mãe cantando uma canção de ninar típica – "Arroró mi niño" – para acalmar seu bebê. Subitamente, sem qualquer conhecimento da língua, Maria começa a cantar a mesma música em espanhol. Aos poucos, emociona-se com o balanço rítmico e os contornos melódicos da música, dirige-se ao toalete do aeroporto e ali sofre uma comoção emocional, chorando copiosamente. Essa cena inicial nos prende a atenção e nos instiga a acompanhar a protagonista em sua jornada. Ela perde a conexão e avisa seu pai sobre o que lhe aconteceu. Para sua surpresa, ele aparece em Buenos Aires no dia seguinte e lhe revela o que havia sido segredo por tantos anos: em seu terceiro ano de vida, no final da década de 1970, Maria havia sido adotada – ou raptada? – e levada para a Europa quando seus pais biológicos foram dados como desaparecidos, vítimas da ditadura militar. A partir daí, pai e filha iniciam uma jornada em busca da família biológica de Maria. Penso que essa cena inicial nos mostra como marcas, registros de sensações auditivas, cinestésicas e rítmicas, que não alcançaram a representação verbal, foram reavivadas. A melodia da canção ouvida por Maria carregava a força memorial do afeto e guardava o segredo da história de um amor originário que a protagonista vivera em sua família de origem.

Mas voltemos às contribuições de Guerra. Para o autor, o adulto que cuida de um bebê apela para duas formas de ritmo (Guerra, 2015b). O primeiro seria o ritmo básico, ou seja, aquele mais próximo à experiência de fusão, porque mantém certa regularidade, com poucas modificações ou rupturas. Seria aquele usado pela mãe ao embalar seu bebê, como vimos na cena do filme descrita há pouco. A segunda forma de ritmo, segundo o autor, seria interativa e caracterizada pelo jogo da continuidade-descontinuidade, introduzindo variações e apontando para que o bebê esteja mais alerta e atento nas interações com o outro. Sirvo-me aqui das palavras do autor:

> *Toda a vida do bebê está fundada na existência de ritmos que, como numa dança, pulsam os momentos de união-separação, presença-ausência, continuidade--descontinuidade, como forma de aliviar as angústias da descontinuidade, marcar o prazer do encontro com o objeto, tolerar sua eventual ausência e antecipar seu retorno. (Guerra, 2018, p. 178)*

Para Guerra (2018), a ritmicidade do encontro com o outro, somada aos recursos próprios do sujeito, seria um dos fatores que levariam à integração do *self*. Uma eventual disritmia nesse processo acarretaria efeitos desestruturantes na subjetivação do bebê.

Penso que a qualidade das primeiras relações pais-bebês é determinante para o desenvolvimento psíquico da criança e do futuro adulto. As interações primárias envoltas em gestos, posturas, expressões, voz, entonação e prosódia são carregadas de ritmos e serão os primeiros organizadores do encontro subjetivo. Assim, a disponibilidade da mãe/pai e a possibilidade de viverem com seu bebê momentos de intimidade fazem-se fundamentais para o desenvolvimento emocional do filho (Silva, 2021). Eventuais descompassos rítmicos nesses primeiros encontros podem comprometer a constituição psíquica e desenvolver patologias graves, que se manifestarão na infância e na adolescência (Guerra, 2013).

Este livro é resultado de minha pesquisa de mestrado, realizada no Programa de Estudos Pós-graduados em Psicologia Clínica da PUC-SP, Núcleo de Psicanálise, sob a orientação da Profa. Dra. Rosa Maria Tosta e concluída em 2022.

O estudo teve como objetivo compreender o papel do ritmo como mediador da relação da dupla mãe/pai-bebê nos primeiros meses de vida, identificando sua contribuição para a constituição de um psiquismo nascente. Do mesmo modo, teve como meta descrever a construção da comunicação verbal e não verbal permeada pelo ritmo da dupla.

Dessa forma, este trabalho espera não apenas ser instrumento de fortalecimento do vínculo mãe e filho – efeito terapêutico previsto como fruto da própria observação pelo método de observação de bebês proposto por Esther Bick[3] – mas, sobretudo, sublinhar a importância da construção de um ritmo compartilhado em um período tão importante e sensível para a dupla. Se, como vimos anteriormente, entendemos o cuidado como fator preventivo em saúde mental, penso que o tema aqui abordado é fonte de promoção de saúde e poderá assim ser compartilhado com serviços de saúde pública, como Unidades Básicas de Saúde (UBS) e equipes de Saúde da Família. Saliento ainda que, no campo da educação, faz-se necessário alertar creches e escolas sobre o papel do ritmo entre o bebê e aqueles que se ocupam dele.

Esta é uma pesquisa de investigação, que utilizou o método de observação de bebês segundo Esther Bick como procedimento. A proposta de observação de Esther Bick, como veremos adiante, contempla três momentos distintos: o tempo da observação, quando, uma vez por semana, o observador vai à casa do bebê, onde permanece por uma hora; o tempo do registro, quando o observador faz as anotações do que observou e vivenciou; e o tempo da supervisão, que, semanalmente, abre a possibilidade de trocas para elaborações e conjeturas do que foi observado.

Creio ainda ser necessário dar luz à subjetividade do pesquisador em seu trabalho. Tosta (2019b) considera que o material da pesquisa psicanalítica é o ser humano, compreendendo tanto o objeto de pesquisa quanto o próprio pesquisador. Nesse sentido, podemos

---

3   O método de observação de bebês segundo Esther Bick será descrito no Capítulo 6 deste livro.

pensar em um encontro de duas subjetividades – pesquisador e pesquisado – no fazer investigativo.

Quanto aos riscos envolvidos na pesquisa, entendo que é tarefa do investigador avaliá-los e minimizá-los. Oliveira-Menegotto et al. (2006) reforçam que o pesquisador deve dispor de recursos para lidar com as possíveis consequências de seus procedimentos, intervindo imediatamente sempre que houver a possibilidade de algum dano. No que se refere ao método de observação de bebês segundo Esther Bick, as autoras (2006) enfatizam que essa questão fica assegurada pela supervisão que opera como uma contenção do observador, oferecendo-lhe sustentação no momento da observação. A supervisão, reforçam, tem a função de acompanhar o observador, evitando um possível comprometimento de sua ética. Ainda de acordo com Oliveira-Menegotto et al. (2006), a observação sensível e exata dos bebês pode trazer *insights* previamente menosprezados pela ciência, sem perder o rigor intelectual. Do mesmo modo, Urwin e Sternberg (2012) sublinham a relevância do método Bick de observação de bebês para as ciências sociais, na medida em que este se debruça sobre aspectos emocionais da experiência cotidiana, mediante um rigoroso compromisso da subjetividade do observador com o objeto pesquisado.

O percurso deste trabalho

Entendo que o ofício do psicanalista é pautado pelo trânsito entre a prática clínica e o aprofundamento teórico, que, somados a supervisões frequentes e à análise pessoal, lhe darão o arcabouço necessário para sua prática. Esta pesquisa foi construída seguindo as mesmas premissas: a parte clínica foi pautada pela observação de duas duplas pais-bebês, seguindo o método de observação de bebês proposto por Esther Bick. O casal que nomeei Patrícia e Luiz, com

A FUNÇÃO DO RITMO NA RELAÇÃO PAIS-BEBÊS 29

a pequena Laura a partir dos seus 6 meses; e os pais a quem chamo de Helena e João, com o pequeno Pedro a partir de seus 3 meses.[4]

Como critério de inclusão, elegi mães primíparas com bebês de 0 a 6 meses no início da observação. Adotei como critério de exclusão mães adotivas e aquelas com alterações mentais relevantes – psicoses, deficiências mentais moderadas ou severas – e doenças orgânicas que pudessem afetar o relacionamento pais-bebê. Foram descartados também bebês portadores de síndromes cromossômicas, malformação e prematuros.

A participação no grupo de supervisão com encontros semanais – seguindo o terceiro tempo proposto pelo método – abriu espaço para a elaboração e o levantamento de conjeturas sobre aquilo que era observado e vivenciado.

Seguindo a recomendação de Bick, como veremos no Capítulo 6 deste livro, as observações foram feitas despidas de qualquer viés teórico acerca do tema aqui pesquisado. Os recortes sobre o ritmo na relação pais-bebês, que apresentarei neste trabalho, foram colhidos posteriormente, na leitura e análise das transcrições das observações.

A parte teórica foi construída a partir das próprias observações, das discussões nas supervisões em grupo e da literatura pesquisada ao longo do meu curso de pós-graduação. A partir delas, lancei-me em busca de publicações voltadas ao ritmo na relação pais-bebês, tanto na literatura psicanalítica quanto naquela voltada à psicologia do desenvolvimento. Por fim, participações em congressos e seminários abriram o campo para as reflexões mais recentes sobre o tema.

Ao longo deste trabalho, pretendo conduzir o leitor por um percurso similar. Dessa forma, optei por dividir este livro em duas partes. A primeira estará voltada à observação dos bebês no âmbito

---

4 Os nomes de cada membro das famílias foram alterados para preservar suas identidades.

familiar e suas implicações em relação ao próprio bebê, à mãe, ao pai, à dupla mãe/pai-bebê e ao observador. Seguindo os pressupostos recomendados por Bick, e tendo como foco a ritmicidade entre a dupla, apresentarei vinhetas colhidas das observações para, em seguida, discorrer sobre algumas reflexões e ponderações acerca do que foi observado.

A segunda parte estará voltada à compreensão teórica acerca do tema aqui pesquisado. Com o intuito de ampliar o pensamento sobre as mudanças psíquicas que se produzem no casal parental com a chegada do primeiro filho, iniciarei a contribuição teórica com o tema "construção da parentalidade" – aspecto fundamental para a constituição do vínculo. Ainda nessa segunda parte, vou percorrer as propostas teórico-clínicas de autores que, como Victor Guerra, se dedicaram a estudar o ritmo como elemento fundamental para a construção do vínculo mãe/pai-bebê e para a constituição do psiquismo. Assim, as contribuições de Donald Winnicott, Serge Lebovici, Bernard Golse, Albert Ciccone, Daniel Marcelli, Daniel Stern, Colwyn Trevarthen e do próprio Victor Guerra formarão um mosaico que dará luz a diferentes dimensões da ritmicidade no primeiro ano de vida. Por fim, apresentarei o método de observação de bebês segundo Esther Bick, instrumento fundamental para a realização desta pesquisa.

Espero assim conduzir o leitor nesse diálogo entre a teoria e a clínica, tão fundamental para o fazer psicanalítico.

Parte I
Observando bebês

1. Apresentação das famílias observadas

A possibilidade de observar um bebê em sua relação com o ambiente familiar é um privilégio para aqueles que se interessam pelo desenvolvimento emocional e pela constituição do psiquismo.

Helena, João e o pequeno Pedro.
Novos temperos na família

A oportunidade de observar essa dupla surgiu do grupo de supervisão do qual eu participava. A coordenadora, por intermédio de uma colega psicanalista, encaminhou-me a dupla por entender que a observação poderia ter algum efeito terapêutico.

A primeira entrevista com os pais ocorreu em um domingo pela manhã, quando o bebê estava com 12 semanas. Assim que cheguei ao *hall* do elevador, antes mesmo de tocar a campainha, ouvi um choro forte vindo de dentro do apartamento. Esperei por alguns instantes até que o choro diminuísse e então me fiz anunciar.

A mãe, uma mulher de uns 30 anos, estava com o bebê no colo. Recebeu-me cordialmente e voltou a sentar-se com o filho, ainda chorando, no sofá. Levantou a blusa e ofereceu-lhe o seio, mas ele o recusou e continuou a chorar. Ela então se levantou, colocou o bebê na posição vertical em seu colo e passou a caminhar lentamente pela sala. Aos poucos, ele foi se acalmando e assim pudemos conversar.

Eu havia entrado em contato com ela alguns dias antes para combinar a entrevista. Embora tivesse aceitado a ideia, não parecia convencida. Em nosso encontro, quis saber mais sobre como seriam as observações, sua periodicidade e duração. Expliquei sobre o meu papel não intervencionista e deixei clara a possibilidade de uma interrupção, caso achassem oportuno. Meu objetivo maior nesse primeiro contato era o de criar uma relação de confiança com os pais, e assim preparar um terreno fecundo para o trabalho que viria a seguir. Creio ter conseguido e, a partir da semana seguinte, comecei as observações semanais.

Em minha primeira visita como observadora levei uma pequena lembrança para o recém-nascido como sinal de agradecimento por me receberem. Esse gesto parece ter quebrado um possível estranhamento inicial acerca da minha presença.

Ao longo das primeiras observações, tive a oportunidade de conhecer alguns personagens da família: um meio-irmão adolescente, filho de uma relação anterior do pai, e a avó materna. Tanto um quanto outro, presentes respectivamente na primeira e terceira observações, interagiram pouco com o bebê. Quando em minha presença, o enteado ouviu músicas no celular e a avó materna ocupou-se da cozinha. O pai, por sua vez, não estava presente nas primeiras observações.

A pouca participação do enteado, a ausência do marido e a visita pontual da avó nesses primeiros meses me fizeram refletir sobre uma possível necessidade de apoio e sobre como minha presença poderia estar sendo benéfica para a mãe. Ao longo das observações, fui confirmando minha hipótese. Notei que em muitas ocasiões a mãe dirigia seu olhar a mim, como se estivesse buscando um continente para suas angústias. Nesse período, a busca pelo meu olhar ocorria nas situações em que ela tentava – algumas vezes sem êxito – colocar o filho para dormir. Além disso, pude notar que nos momentos em que me despedia, a mãe várias vezes expressava sua surpresa: *Mas já? Passou tão rápido*. Ao ouvir essa frase repetidamente, chego a pensar que minha presença carregava outros sentidos para além da observação.

Com efeito, ao longo de nossos encontros, acho que pude ser fonte de escuta para suas histórias, medos, expectativas e fantasias acerca do processo de "tornar-se mãe".

Soube que os primeiros meses com o bebê em casa foram difíceis por conta da amamentação. Contou-me que produzia muito leite, mas um dos seios tinha o bico invertido e o outro doía muito. Teve que fazer malabarismos para alimentar o filho, como oferecer-lhe o leite em um copinho. Depois de um mês seguindo desta forma, fizeram um trabalho de readaptação, conhecido como relactação. Segundo me relatou, o processo ocorria da seguinte forma: colocava a ponta de uma sonda em um recipiente e a outra perto do mamilo. Dessa maneira, ao aproximar a boca de seu seio, o bebê abocanhava o mamilo e a sonda simultaneamente e, ao sugar, tinha a sensação de estar mamando diretamente no seio. Contou-me ainda que o filho tinha muitos refluxos e algumas vezes precisou mamar na posição vertical, o que tornava os momentos de amamentação ainda mais tensos.

Em outro encontro, mostrou-me orgulhosa um álbum de fotos de quando estava grávida e contou-me da angústia vivida ao longo das vinte horas que passou em trabalho de parto. Nesse mesmo encontro, mostrou-me fotos de sua placenta, posicionada sobre a mesa da sala cirúrgica, e, ao dirigir-se ao filho, pontuou: *Olha filho, essa aqui era a sua casinha.* E, encaminhando-se novamente a mim, completou: *O médico até me perguntou se eu queria levá-la pra casa, mas achei que não tinha sentido. Quis apenas tirar essa foto para guardar. Placenta é incrível. Parece uma árvore... a árvore da vida.*[1]

As observações caminhavam regularmente, mas, sem que soubéssemos, estávamos a poucas semanas do início da pandemia. Consegui fazer as três primeiras observações presencialmente, contudo, ao final da terceira, tivemos que interromper os encontros presenciais.

Depois de um mês sem contato com a família, propus iniciarmos um modelo online de observação. A mãe aceitou meu convite e, após algumas tentativas, conseguiu organizar-se para minha visita virtual. Tivemos então mais três encontros, porém, dessa vez, mediados por uma tela. O bebê estava com 5 meses.

Creio ser importante sublinhar que se tratou de uma experiência inédita para todos e que, aos poucos, fomos nos adequando ao novo formato. A princípio eu estava resistente, achando que a experiência de observação poderia de alguma forma ser manipulada pelo controle que a mãe teria sobre a tela. Cheguei a considerar que, pela limitação do enquadre visual, perderia recortes da vida cotidiana que apenas presencialmente poderia testemunhar. Mas a experiência de observação online me surpreendeu. Se, por um lado, o formato virtual nos privou de alguns detalhes que não escapariam a meus olhos presenciais, por outro, novos elementos apareceram em cena e novas possibilidades de interação se apresentaram, propiciando uma experiência diferente de observação. Lembro-me de uma situação em que, observando o bebê dormindo, através de meu computador, fui podendo relaxar em minha poltrona e deixei-me permear por sensações corporais e imagens oníricas que dificilmente teriam advindo presencialmente. Lembro-me ainda de outra observação

---

1 Observação feita quando o bebê tinha 8 meses e 2 semanas.

em que a mãe, com o bebê em seu colo, aproximou o celular para perto da dupla, de forma que nós três ficamos a uma distância muito próxima, o que seria incomum presencialmente. Apesar de ser mediada por uma tela, essa aproximação tornou a observação mais íntima e divertida. Entre perdas e ganhos, creio que a vivência virtual abriu novos campos de pensamentos e reflexões.

Ao final do terceiro encontro virtual, contudo, sofremos mais um corte. A licença-maternidade da mãe chegara ao fim, e ela voltara a trabalhar no formato *home office*. Além disso, o filho havia sido diagnosticado com plagiocefalia,[2] e a família estava às voltas com médicos, exames e a produção de uma órtese para a cabeça do bebê. As observações virtuais das semanas que se seguiram foram então canceladas. A mãe me escreveu: *Não faço ideia como tudo vai funcionar, pois continuarei de casa cuidando do bebê, trabalhando e fazendo todas as outras tarefas da casa. Vamos ver como as coisas vão acontecer e aí vamos fazendo as observações conforme possível.* Ficamos sete semanas sem nos ver, mas nem por isso deixei de procurá-la. Mandava mensagens para saber como estavam se adaptando à nova vida, perguntava sobre o desenvolvimento do filho e sondava a possibilidade de vê-los virtualmente outra vez.

Para minha surpresa, depois desse período, a mãe me escreveu, convidando-me para voltar às observações presenciais: *Acredito que, assim como a gente, você tem se cuidado durante esse tempo, e com isso, achamos que tomando as devidas providências e cuidados, não haverá problemas.* Estávamos no mês de julho, e a pandemia ainda

---

2 A plagiocefalia caracteriza-se por uma assimetria do crânio. Ela pode ser do tipo posicional, em decorrência de um torcicolo congênito, ou pode estar associada à craniossinostose – uma fusão precoce dos ossos do crânio. Nos dois casos, um capacete customizado para as medidas do crânio do bebê pode ser recomendado. Fonte: Sociedade Brasileira de Pediatria. Disponível em: https://www.sbp.com.br/imprensa/detalhe/nid/plagiocefalia-e-uso-de-capacete-em-bebes/.

não havia dado sinais de melhora. Ainda assim, aceitei o convite, e dois dias depois nos encontramos novamente.

Ao reencontrá-los, fiquei encantada com a mudança de Pedro: ele havia crescido e usava uma órtese na cabeça, com a qual parecia muito à vontade. A mãe, por sua vez, voltara a trabalhar e passou a dividir seu tempo entre as tarefas profissionais, os afazeres domésticos e os cuidados com o filho. Inevitavelmente, por várias vezes, pude testemunhar seu cansaço e ofereci minha escuta para, de alguma forma, aliviar sua angústia.

Nos primeiros encontros desse período, quando o bebê contava 7 meses, notei que a mãe estava mais dividida entre seu trabalho e os cuidados com o filho. O pai, também trabalhando virtualmente, se revezava algumas vezes com a esposa nas interações com o bebê. Mas o cansaço da mãe era evidente e, em uma das observações, ela chegou a comentar que gostaria de parar de trabalhar para dedicar-se a um projeto pessoal na área da culinária.

Com efeito, ao longo das observações que se seguiram, pude notar uma maior dedicação ao filho e aos afazeres domésticos, em contraponto a *calls* e reuniões virtuais, o que me levou a pensar que, de fato, ela havia optado pelo projeto pessoal.

Nessa ocasião, mãe e filho passavam longos períodos na cozinha. Por vezes ela o carregava em seu colo, e juntos preparavam um lanche. Em outros momentos, ela cozinhava uma nova receita – dizia serem receitas de sua avó –, e o bebê, sentado no chão próximo a ela, entretinha-se com utensílios domésticos como potes e espátulas. Eram tardes recheadas de novos cheiros e sabores.

Aos 11 meses, já quase ensaiando os primeiros passos, o bebê engatinhava livremente pelo apartamento e era visível sua intenção de estar próximo para participar das atividades dos pais. Por vezes, pude presenciar o casal trabalhando no computador ou mesmo conversando entre si e sendo interrompido por gritos do filho.

Em outros momentos, pude vê-lo engatinhando em direção à mãe, conforme ela se movimentava pelo apartamento.

A maior capacidade social do bebê também permitiu que ele me convocasse mais para as brincadeiras. Percebi que pouco a pouco ele se aproximava de mim, oferecendo-me um ou outro brinquedo. Gradualmente, fui me sentindo mais à vontade para sentar-me ao seu lado e interagir com ele, caso me convocasse.

As observações continuaram até o bebê completar 1 ano e 4 meses, quando a família se mudou para o interior do estado. Em minha última visita, os pais me pediram para registrar nossa despedida com fotos minhas e de Pedro. Contaram-me que, desde o nascimento do filho, haviam criado um perfil privado em uma rede social em que postavam fotos do filho, simulando um álbum. Contaram-me ainda que, a partir do início da gravidez, a mãe passou a mandar e-mails para o filho – como se fossem cartas –, registrando tudo o que se passava com ele.

Hoje, quando penso nos relatos dos pais sobre as dificuldades de amamentação nos primeiros meses, quando me lembro da órtese e dos tempos de confinamento em função da pandemia, me pergunto por quantas adaptações e reorganizações psíquicas esse casal teve que passar. Penso que foi um privilégio poder acompanhá-los ao longo desse período e testemunhar o processo de "tornar-se mãe" e "tornar-se pai".

Patrícia, Luiz e a pequena Laura. Um quadro em movimento

Essa dupla me foi indicada por um casal de amigos. Estávamos no início do segundo ano da pandemia, e temi que isso pudesse ser um impeditivo para a família.

Entrei em contato com a mãe por telefone para poder me apresentar. Ela foi receptiva, mas mostrou-se receosa: *Como vai ser? O que você vai observar?* Disse-lhe que estava cursando um mestrado e pesquisando a importância do ritmo na relação mãe-bebê. Expliquei-lhe que as observações me serviriam como aprendizado e reforcei que permaneceria quieta, apenas observando, e que iria interagir apenas se fosse solicitada. Ela continuou achando a situação estranha, mas concordou: *Não sei bem como vai ser. Mas tudo bem. Pode vir.* Ainda nesse primeiro contato, procurei salientar minha preocupação com os cuidados em relação à pandemia – máscara, gel e meias –, mas ela me disse que não tinha problemas em relação a isso. Marcamos a observação para a semana seguinte.

O primeiro encontro ocorreu quando a bebê estava com 6 meses e, de fato, foi marcado por algum estranhamento. A mãe voltou a me perguntar como seriam as observações e ficou em dúvida sobre seu próprio papel: *Será que vou acabar fazendo coisas que eu não faria se você não estivesse aqui?*, ela me questionou. Respondi que talvez isso pudesse acontecer, mas que, com o decorrer do tempo, ela provavelmente se acostumaria com minha presença. Reforcei ainda a possibilidade de ela interromper as observações se assim o quisesse, o que parece tê-la reconfortado.

Ao longo de nossa primeira conversa presencial, pude notar a bebê sentada no colo da mãe, olhando para mim por um longo tempo, sem fazer qualquer barulho nem grandes movimentos. Observei ainda um gato passeando lentamente pela casa. Em alguns momentos, ele se aproximou de mim e, ao notá-lo, a mãe me perguntou se eu não me incomodaria com sua presença. Respondi que não.

Ao rever os registros das primeiras observações, penso na imagem de um quadro composto pela mãe e sua bebê sentadas na sala, com um gato caminhando lentamente entre elas. Creio que essa imagem advém da sensação de poucos movimentos das figuras que compõem esse cenário e dos longos silêncios entre a dupla que pude testemunhar nesse período. Por outro lado, apesar da quietude, notei que a bebê fixava seu olhar em mim demoradamente. Esse fato ficou ainda mais evidente a partir de comentários da mãe, como: *Nossa, filha! Como você olha pra tia Martha*. Ou: *Você vai observar ela também, filha?*

Dessa forma, mergulhadas em um certo desconforto da mãe, permanecíamos assim: a bebê olhando para mim e eu olhando para a bebê. *Quem será essa moça? Quem será esse bebê?* A troca de olhares estava presente o tempo todo, e creio que esse era o maior movimento que se estabeleceu nesse período. O que não foi pouco.

As observações se estenderam por um período de seis meses, iniciando-se aos 6 meses de idade da bebê até que ela completasse 1 ano. Mantivemos um horário fixo todas as semanas, sem interrupções ou contratempos, o que ajudou a diminuir o desconforto da mãe. Aos poucos, a bebê passou a somar um sorriso ao seu olhar e, conforme adquiria mais mobilidade, começou a se aproximar de mim e a convocar-me a interagir com ela.

A rotina das observações seguiu um padrão único, com poucas variações. Quando chegava, a mãe me recebia com a bebê no colo. Já nas primeiras semanas a pequena Laura abriu um sorriso ao me ver, e isso despertou um grande encantamento em mim. Enquanto tirava meus sapatos e higienizava as mãos, mãe e filha se sentavam no chão da sala onde vários brinquedos ficavam espalhados. Permaneciam ali por dez ou quinze minutos, até que a mãe se dirigia para a cozinha e começava a preparar o almoço da filha. No primeiro mês de observação, a bebê a acompanhava no colo, mas, quando completou 7 meses, a mãe já a deixava sozinha na sala. Importante reforçar que a cozinha era aberta para a sala e, em função disso, mãe e filha cruzavam olhares e trocavam falas e balbucios nesses momentos.

Seguia-se então o almoço: a mãe colocava a filha na cadeirinha que ficava sobre a mesa da sala de jantar, sentava-se à sua frente e

42 APRESENTAÇÃO DAS FAMÍLIAS OBSERVADAS

aos poucos lhe oferecia comida. Já nas primeiras observações, ela me explicou que o casal havia adotado uma forma diferente de alimentar a filha. Chamava-se método BLW, do inglês *baby-led weaning*, ou, em português, "desmame guiado pelo bebê". Trata-se de um tipo de introdução alimentar em que o bebê pega com as mãos os alimentos cortados em tiras ou pedaços para então comê-los sozinho. Segundo a mãe, além de ajudar na coordenação motora, esse método oferece ainda a possibilidade de o bebê ir em busca do alimento. Pareceu-me bastante lógico. Contudo, percebi certa ambivalência na mãe ao longo das primeiras refeições observadas. Por um lado, ela colocava alimentos cortados sobre a mesinha, mas, por outro, ao perceber que a filha comia muito pouco, oferecia-lhe pequenas colheres de alimento. *O duro é aguentar a ansiedade das avós. Minha mãe me diz: "filha, bate logo uma sopinha de legumes e dá pra ela". Minha mãe morre de medo de que ela engasgue*, disse-me ela, referindo-se à mãe. Ou estaria se referindo à sua própria ansiedade?

Com efeito, pude notar seus sentimentos ambivalentes quanto à alimentação em outras situações. Houve uma vez em que ofereceu uma colher de sopa para a filha – *Você quer?* –, mas não chegou a aproximá-la da boca da bebê. Percebi que estava esperando que a filha fizesse um movimento em direção à comida, mas a bebê virou o rosto e começou a reclamar. A mãe chamou sua atenção e, quando ela virou o rosto novamente, a colher de sopa encostou levemente em sua boca. Após esse contato com a sopa, passou sua língua ao redor da boca, e a partir daí não mais virou o rosto. A refeição então seguiu de forma mais tranquila: a mãe aproximava a colher de sopa da boca da filha – agora a uma distância menor –, e a filha aproximava o corpinho para abocanhá-la. Penso que mãe e filha chegavam aos poucos a um lugar comum.

Ao término da refeição, seguia-se a higiene no banheiro. A mãe posicionava a filha sentada na pia, lavava seus pés e mãos e, por fim, escovava seus dentes. Era um momento lúdico, quando eu podia observar a bebê brincando com os pés na água ou mesmo se olhando no espelho e fazendo caretas.

Ao longo das observações, aquela imagem inicial de um quadro com poucos movimentos foi ganhando vida e novos contornos. A bebê começou a engatinhar e a explorar os ambientes da casa. Entre subidas e descidas da mesa, o gato circulava livremente. O pai, em *home office*, aparecia para brincar com a filha ou mesmo para substituir a mãe na hora do almoço. Lembro-me de uma observação em que a mãe não estava e ele teve que participar de uma longa reunião virtual com a filha no colo. Ele andava de um lado para outro e, aos poucos, a bebê adormeceu em seus braços. Havia também uma faxineira que, com uma vassoura, um aspirador e um balde, passeava pela casa sorrindo para a bebê quando a encontrava.

Ao final do sexto mês de observação, a bebê já havia completado 1 ano de idade. Os números de casos da pandemia já estavam mais baixos e a mãe me contou que havia matriculado a filha em uma escolinha. Inicialmente, seria por meio período, mas sua intenção era a de que, em algum momento, ela ficasse em período integral. *Assim eu consigo voltar a trabalhar e fazer as minhas coisas*, ela me diz. Dessa forma, tivemos que interromper as observações.

2. Observando o ritmo na relação pais-bebê

O encontro entre uma recém-mãe e seu recém-nascido filho, como vimos no início deste trabalho, é pautado por inúmeras transformações e adaptações por parte do casal parental e do próprio bebê. A mãe, por um lado, carrega em si alguma experiência de cuidados maternos, na medida em que também já foi um bebê. O *infans*, por outro, como nunca foi mãe, tampouco um bebê, parte de uma primeira experiência, sem que haja qualquer medida para julgamento ou comparação (Winnicott, 1968/2013). Será a partir de duas histórias que uma terceira poderá ser criada.

O tempo está a favor da dupla. Cíclico e progressivo que é, poderá auxiliar no desenvolvimento de um ritmo, favorecendo o encontro e a construção do vínculo.

É preciso resgatar as palavras de Winnicott (1968/2013) ao pensar sobre o tempo nesses primeiros meses de vida do bebê: "O tempo não se mede tanto por relógios, pelo nascer ou pelo pôr do sol, quanto pelo ritmo do coração e da respiração maternos, pela elevação e queda das tensões instintivas, bem como por outros dispositivos essencialmente não mecânicos" (p. 84).

É dessa forma que o psicanalista inglês descreve a experiência inaugural do tempo, tal qual é vivenciada pelo bebê. Para o autor, as experiências iniciais do *infans* com o ambiente, a partir das modulações do ritmo materno – tanto por meio dos movimentos fisiológicos da mãe como pelos cuidados dedicados ao bebê –, imprimem inflexões na vida psíquica do lactente.

Neste capítulo, apresento algumas vinhetas colhidas a partir das observações de duas duplas mãe/pai-bebê, feitas por mim ao longo de dois anos de pesquisa. As vinhetas foram selecionadas de forma a sublinhar a importância do ritmo na construção do vínculo pais-bebê e, consequentemente, na constituição do psiquismo. Procurei abarcar as mais diversas manifestações do ritmo e optei por agrupá-las em três eixos distintos: o corporal, o vocal e o lúdico. O leitor eventualmente irá considerar que algumas vinhetas poderiam fazer parte também de outro eixo aqui listado. Reforço que, de fato, esses eixos são imbricados e que a separação aqui apresentada foi feita apenas como recurso de organização dos dados coletados. Lembro-me das palavras da psicomotricista Claudia Ravera, que, em um webinário promovido por Maria Cecília Pereira da Silva em 2020, apontou para o entrelaçamento entre as interações lúdicas e os precursores da linguagem como um movimento espiral mediante o qual esses eixos vão se somando e se tornando mais complexos.

Inicio a apresentação de cada eixo com uma breve introdução, para, em seguida, ilustrá-lo com vinhetas. Permito-me, também, retomar a proposta do método criado por Esther Bick[1] e seus três tempos – observar, registrar e elaborar –, e acentuar

---

[1] O método de observação de bebês segundo Esther Bick será apresentado no Capítulo 6 deste livro.

que quando observamos não registramos e quando registramos procuramos não atribuir significados. Dessa forma, em um primeiro momento, as vinhetas de observações[2] serão apresentadas sem qualquer comentário. Em meu relato, procurei ser o mais fiel possível à cena observada. As elaborações e as articulações entre as observações e os recortes teóricos serão apresentadas após as descrições.

O eixo corporal

Em um período que antecede a aquisição das palavras, o corpo ocupa um lugar protagonista nas interações mãe-bebê. Com efeito, o "recém-chegado" antes de falar comunica-se com seu corpo e realiza uma coreografia na presença do olhar dos outros que o concedem a certeza de existir (Guerra, 2007). Esse bebê busca um ritmo – o seu ritmo – que só poderá ser construído no encontro e na harmonização com o ritmo dos outros que o recebem.

Proponho tratar o eixo corporal como o eixo principal, ou seja, como uma categoria fundamental para a construção do vínculo mãe-bebê, entendendo que o ritmo das primeiras trocas corporais define a sintonia entre a dupla. Assim, com o objetivo de abraçar as diversas formas de expressão corporal – e seus ritmos – entre a mãe ou o pai e seu bebê, esse eixo está dividido em quatro pilares: 1) os ritmos corporais e a sincronia dos fluxos sensoriais; 2) o ritmo na presença e ausência do objeto; 3) o ritmo na cadência dos movimentos corporais; 4) o ritmo na comunicação não verbal. Vamos a eles:

---

2 Nas transcrições das observações foram respeitadas as marcas de oralidade, bem como os usos que fogem à norma culta padrão da língua portuguesa.

Os ritmos corporais e a sincronia dos fluxos sensoriais

A) Observação Helena e Pedro

Bebê com 3 meses

A mãe me recebe com o filho no colo, na posição vertical. Ele regurgita e começa a ensaiar um choro. Ainda no colo, a mãe muda o filho para a posição horizontal, apoiando a cabeça do bebê no ângulo de seu braço e sustentando seu corpo com o antebraço. Começa a andar pela casa com ele, cantando a música "Caranguejo não é peixe". Rapidamente, ele para de chorar. Em poucos minutos ela se dirige ao quarto do filho, pega um tablet que estava sobre o trocador e o liga. Percebo que o som que vem do tablet simula um ambiente intrauterino: um chiado ritmado remetendo ao som da circulação sanguínea. Pouco a pouco a mãe diminui o volume do canto de sua voz e aumenta o som do tablet, de forma que, depois de uns dez minutos, só resta o som do aparelho. Ela "nina" o filho no colo ao ritmo do chiado. Lentamente, a mãe vai diminuindo o ritmo de seus movimentos e coloca o filho no berço – deitado com a barriga para cima – sobre uma manta previamente posicionada. Ela fecha as faces da manta (esquerda, direita e inferior) sobre o filho de forma que ele fique contido, apenas com a cabeça para fora. O bebê acorda e começa a chorar. Com o chiado do tablet ao fundo e acariciando as laterais do corpo embrulhado pela manta, ela diz bem baixinho: "Mamãe está aqui. Mamãe está aqui...".

O bebê volta a chorar e a mãe o tira do berço. Coloca-o no colo e, a partir de então, a intensidade do choro começa a

*diminuir. Ela o leva para a sala, senta-se de forma recli-
nada no sofá e o posiciona de bruços sobre sua barriga.
Em um curto espaço de tempo, o bebê volta a dormir.*

B) Observação Helena e Pedro

Bebê com 3 meses e 1 semana

*Ao chegar para a observação não precisei tocar a cam-
painha. Como já haviam me anunciado pelo interfone,
a mãe abriu a porta do apartamento assim que ouviu
o som vindo da porta do elevador. Ela estava caminhando com o filho no colo – em posição horizontal –,
cantando "Alecrim, alecrim dourado" na tentativa de
fazê-lo dormir.*

*O bebê logo adormeceu, mas ela continuou cantando
e ainda o manteve no colo por algum tempo. Pegou o
tablet, ligou o aparelho e deixou o chiado tocando. Tentou
colocá-lo na cama, mas ele se queixou. Não chegou a
chorar, mas reclamou bastante. Ela o pegou novamente,
levou-o até seu quarto e o colocou sobre sua cama, onde
uma manta estava estendida. Envolveu o filho com as
faces da manta de forma que ele ficasse contido, pegou-o
novamente no colo e dirigiu-se para o quarto do bebê.
Os dois permaneceram lá por um tempo antes que ela
tentasse colocar o filho no berço novamente. A mão que
dava suporte para as costas do filho batia levemente no
corpo do bebê ao ritmo do som que vinha do aparelho.
"tum tum...", "tum, tum...", "tum, tum...". Depois de alguns
instantes, tentou novamente colocá-lo no berço, sem que
ele reclamasse. O bebê dormia tranquilamente de barriga*

para cima, envolto na manta, apenas com a cabeça para fora. A mãe esperou um pouco e saiu do quarto.

C) Observação Helena e Pedro

Bebê com 3 meses e 2 semanas

Com o filho no colo em posição horizontal, a mãe anda de um lado para outro. Ao caminhar, balança o bebê e canta "Alecrim, alecrim dourado". Nesse momento, o bebê está quase chorando.

— Você quer tetê? É isso? — a mãe diz.

Ela se senta no sofá da sala com o filho em seu colo, na posição horizontal. Ele aproxima o rosto de seu seio e abre a boca.

— Tá bom então.

Ela levanta a blusa e ele prontamente encontra o seio. Começa a sugar e se acalma. A princípio o sugar é mais voraz, mas aos poucos vai se acalmando até que para por completo. A mãe está recostada no sofá. Por vezes, deita a cabeça na parte superior do encosto, como se estivesse buscando um descanso. Sob o corpo do bebê, há um apoiador em forma de meia-lua, cumprindo a função de sustentação. Sua mão direita está aberta e levemente apoiada sobre o seio esquerdo da mãe. Os dois ficam ali por volta de quinze minutos. Com um dedo da mão esquerda, ela tira lentamente a boca do filho de seu seio e coloca a fraldinha colada na lateral do rosto do bebê. Ela se levanta, segura o filho na posição vertical junto a seu corpo e o leva para o berço. A mãe coloca o filho no berço de barriga para cima e o envelopa com a manta, de forma que ele fique bem contido. Ele está calmo e permanece dormindo.

A passagem para a vida extrauterina inunda o bebê de sensações corporais como fome, frio, calor, sono, cólica, entre outras. Os ritmos idiossincráticos dos corpos da mãe e de seu filho, como batimentos cardíacos, respiração e ciclo do sono, serão responsáveis por trazer alguma ordem ao tempo e ao espaço, e por sedimentar a base da comunicação entre a dupla. Nesse sentido, o ritmo do corpo materno será a referência primordial ao ritmo corporal do bebê, traduzindo a dimensão temporal das experiências iniciais e promovendo o sentimento de continuidade (Socha, 2010).

Pelas cenas aqui descritas, percebemos o respeito da mãe aos ritmos do bebê e sua capacidade em compreender as demandas do filho. Reconhecendo o desconforto do recém-nascido, a mãe o coloca na posição horizontal e o segura perto de seu corpo, de forma que cabeça, tronco e membros fiquem em linha média. Percebo sua sensibilidade em pegar e segurar o filho. Ela diminui o ritmo de seus movimentos e o volume do canto, como se o estivesse convidando a relaxar. Usa recursos auxiliares, como o *tablet*[3] e a manta protetora, como que para diminuir a distância entre a vida intra e extrauterina. Coloca-o sobre sua barriga ou lhe oferece o seio na tentativa de minimizar a separação e a ruptura do nascimento. Pela cadência de seus movimentos, percebemos o esforço da mãe em se adaptar

---

3 O uso do tablet para simular os sons intrauterinos me levou a pensar sobre as possíveis inseguranças da mãe acerca de suas competências em fazer o filho dormir. Hoje me pergunto se o uso de um recurso auxiliar para acalmar o bebê poderia representar sua sensação de incompletude e impotência ao cuidar do filho. Tratarei desse assunto mais detalhadamente no Capítulo 3. Pensei ainda sobre a marca cultural de um tempo em que a tecnologia invade as relações interpessoais até mesmo nos primeiros meses de vida.

ao ritmo do filho. Penso que a suavidade de sua voz, somada ao toque afetuoso no pegar, segurar, embalar, colocar o filho sobre sua barriga, e finalmente oferecer-lhe o seio, proporcionaram o *holding* necessário para que ele se acalmasse.

Winnicott (1965/1997) defende que o *holding* tem uma relação íntima com a capacidade da mãe de se identificar com seu bebê. O autor reforça que essa adaptação proporciona uma trajetória de vida relativamente contínua ao recém-nascido e permite que ele vivencie situações harmoniosas a partir da confiança que deposita no fato concreto de o segurarem.

Nas cenas que acabamos de ler, penso que, ao sentir-se cuidado, sustentado e fusionado novamente com a mãe, o bebê pode finalmente relaxar. Lembro-me de uma passagem que Jeanne Magagna (1997) relatou sobre um de seus encontros com sua mestra Bick: "Os olhos, a boca, as orelhas, o nariz e as mãos, todos servem para ligar o bebê à sua mãe, em sua tentativa de manter sua coesão" (p. 48).

Chamo atenção ainda para a cena da mamada descrita na observação C. Para além de um mero ato nutritivo, a amamentação permite uma acomodação entre o corpo da mãe e o do bebê em uma espécie de "deixar-se ir no descanso". Golse e Desjardins (2005) reforçam que, durante a mamada, o bebê sente temporariamente que as diferentes percepções sensoriais provenientes de sua mãe – seu cheiro, sua imagem visual, o sabor de seu leite, seu calor, sua qualidade tátil, seu colo – não são independentes umas das outras, ou seja, não são clivadas ou "desmanteladas" segundo as diferentes linhas da sensorialidade pessoal do bebê. Ao contrário, elas são "estruturadas" temporariamente no tempo de amamentação. O autor salienta que a percepção multissensorial do objeto permite ao bebê experimentá-lo como exterior a si mesmo. Não seria esse um primeiro passo para o processo de separação eu-não eu? Da mesma forma, penso que as rimas infantis – como as que foram entoadas pela mãe nas três cenas – obedecem a uma lógica similar e permitem ao bebê a possibilidade de conjugar fluxos sensoriais sincrônicos na medida em que agrupam estímulos auditivos e proprioceptivos.

Ainda sobre essas cenas, aponto para a possibilidade de a mãe colocar-se no lugar do filho, reconhecer suas necessidades e ir ao encontro delas. Winnicott (1956/1993a) chama essa condição psicológica de preocupação materna primária e a descreve como o estado de sensibilidade aumentada da mãe a partir do qual ela desenvolve uma capacidade surpreendente de identificação com seu bebê. Esse tema será mais explorado no Capítulo 3 deste livro.

O ritmo na presença e na ausência do objeto

A) Observação Patrícia e Laura

Bebê com 7 meses e 3 semanas

> *A mãe está de pé na sala com a filha em seu colo.*
>
> *— Você quer almoçar, filha? Eu vou preparar seu almoço — a mãe diz.*
>
> *A mãe então coloca a filha sentada no chão e muda algumas almofadas de lugar. Penso que está querendo protegê-la de uma eventual queda. A mãe se levanta e vai para a cozinha, aberta para a sala. A bebê a acompanha com os olhos.*
>
> *Vejo que a mãe saiu completamente do campo de visão da filha. A bebê permanece sentada, olhando para seus brinquedos. Ela pega uma pequena bolinha amarela com a mão esquerda e passa a mexer o braço esquerdo para cima e para baixo. Ouvimos assim o barulho de*

chocalho que vem de dentro da bolinha. Sobe e desce o braço esquerdo e depois os dois braços juntos. Em seguida, começa a esticar e curvar a coluna, junto ao movimento dos braços. Sobe e desce. Sobe e desce. Com a bolinha na mão, ela então passa a abrir e fechar os braços como se fosse bater palmas. Abre e fecha, abre e fecha. Olha para mim e sorri. Emite sons e balbucios. Em seguida, a mãe volta para a sala e, olhando para a filha, diz:

— Vamos almoçar?

B) Observação Helena e Pedro

Bebê com 8 meses e 3 semanas

Com o filho no colo, a mãe lhe pergunta se gostaria de comer uma manga. Ela se dirige à sala de jantar, pega uma manga e vai para a cozinha. Coloca o filho no chão e lhe entrega um pote de plástico e uma espátula de borracha vermelha. Enquanto a mãe corta a manga, o bebê pega o pote na mão e o bate contra a parede. Mexe as perninhas. Olha para a mãe e olha para mim. Estende o braço com o pote na mão em minha direção.

Quando termina de preparar a fruta, a mãe se dirige à sala de jantar, arruma a cadeira de comer e sai do campo de visão do filho. O bebê balbucia alguns sons. Enquanto arruma a mesa e a cadeira, a mãe entoa uma cantiga. O bebê continua batendo e esfregando o pote na parede, e depois o mostra para mim. Algumas vezes, estende o braço e me mostra os dedinhos em L. O pote cai de sua mão a uma distância que ele não consegue pegar. Ele apoia os braços no chão e projeta o corpo para a frente, de forma a dar uns dois passos engatinhando. Consegue pegar o pote. Em seguida troca o pote pelo objeto vermelho de plástico e transita entre estendê-lo para mim, colocá-lo na boca e balançá-lo com o braço.

Quando a mesa já está preparada, a mãe se aproxima e chama o filho:

— Vamos comer a manga?

As experiências do bebê o confrontam constantemente com rupturas, descontinuidades e momentos de presença e ausência de objetos que se alternam. A ausência da mãe é tolerável apenas se intercalada com sua presença, dentro de uma ritmicidade que garanta um sentimento de continuidade. Ciccone (2007) identifica duas formas – ou dois processos – que o bebê utiliza para reparar experiências de descontinuidade. A primeira consiste em encontrar, ou mesmo criar, a continuidade com um objeto ou com o próprio corpo apegando-se a uma sensação específica. A segunda apoia-se na ideia de que o bebê cria experiências rítmicas capazes de lhe proporcionar uma sensação ou ilusão de continuidade.

Penso que, nas cenas descritas aqui, ambos os bebês fazem algum esforço para tentar reparar a ausência materna. Vejamos: na cena A, notamos que a bebê acompanha os movimentos da mãe com os olhos até que ela saia de seu campo de visão. A partir desse momento, ela passa a manipular uma bolinha e a movimentar o corpo de forma rítmica, como se estivesse criando alguma continuidade. Da mesma maneira, não poderíamos pensar que, ao juntar as duas mãos e, em seguida, abrir e fechar os braços, a bebê estaria tentando experimentar uma sensação de colagem/descolagem de objetos que, por sua vez, poderia simbolizar o contato/não contato com a mãe que aparece e desaparece?

Na cena B, percebemos uma situação semelhante. Quando a mãe sai de seu campo de visão, o bebê balbucia como se estivesse contando uma história com os brinquedos que manipula. A mãe canta na sala de jantar e oferece alguma continuidade de sua presença ao filho. Após bater e esfregar o pote na parede, o bebê o mostra para a observadora. Depois de algum tempo, pega outro objeto e alterna entre levá-lo à boca, balançá-lo e oferecê-lo à observadora. Não seria essa outra experiência rítmica? Penso que a presença da observadora e a voz do canto materno formaram a base de continuidade criada pelo bebê para suprir a ausência da mãe. Lembro-me das palavras de Ciccone (2007) ao apontar que a separação e a permanência da ligação são simbolizadas, ou mesmo representadas, pelo jogo de si para consigo mesmo, e de si para com o outro, sobre um fundo de continuidade.

O ritmo na cadência dos movimentos corporais

A) Observação Helena e Pedro

Bebê com 8 meses e 1 semana

> *A mãe coloca o bebê no chão, onde estavam vários brinquedos. Ele pega o jogo de encaixe de argolas e tira todas de uma vez. Escolhe a vermelha e fica com ela na mão.*
>
> *— Você gosta da vermelha, filho? — a mãe pergunta.*
>
> *Por várias vezes, o bebê estende o braço com a argola vermelha em minha direção e abre um sorriso. E então para. Olha para a mãe, volta a olhar para mim e estende o braço com a argola. E para novamente. E olha para a mãe. Essa cena se repete várias vezes. Ele emite balbucios e sorri.*

Em algum momento, larga a argola e pega um peixinho de pano com barulho de chocalho dentro. Ele balança muito o brinquedo e ri bastante. Olha para a mãe e olha para a mim. Novamente estende o braço com o brinquedo na mão, como se estivesse me mostrando. Larga o peixinho e tenta pegar outros brinquedos. Joga-se para a frente e, apoiado sobre as duas mãos, coloca um dos pés no chão e dá um empurrão para a frente. Faz isso algumas vezes, até que consegue avançar dois passos em um pequeno engatinhar. Aproxima-se da mãe, segura sua blusa e tenta ficar de pé. Ela pega na mão do filho e o sustenta de pé por alguns instantes. Os dois se entreolham e sorriem um para o outro e, por fim, ele volta a se sentar.

B) Observação Patrícia e Laura

Bebê com 8 meses e 1 semana

A mãe se senta perto da filha que também está sentada.

Percebo os movimentos da bebê: ela abre e fecha os braços, bate palminhas. A mãe bate palmas também e sorri para a filha. A bebê tenta fazer alguns movimentos de deslocamento. Ela projeta o corpinho para a frente, apoiada nas pernas, empurra o bumbum para a frente, como se quisesse engatinhar. Apoia-se nos braços, balança o corpinho para a frente e para trás e mexe a cabeça para cima e para baixo, como se fosse um movimento só. Ensaia engatinhar, mas volta para a posição original. Faz isso umas quatro vezes. Sentada a um metro de distância, a mãe coloca alguns brinquedos perto de si e chama a filha:

— Vem Laurinha. Vem pegar...

A bebê olha para a mãe e ensaia novamente: projeta o corpo para frente, apoia-se nas mãos e empurra o bumbum com as perninhas. Vai para a frente e para trás, para a frente e para trás e, finalmente, volta para a posição original.

A mãe coloca dois pequenos polvos de crochê em cima do sofá. A bebê vê os polvos e tenta pegá-los. Estica, estica o corpo, mas não consegue.

Projeta o corpo para a frente e apoia as mãos no encosto inferior do sofá, como se ensaiasse levantar-se. A mãe sorri para ela, pega a filha pelo corpinho e a põe de pé para que consiga pegar o polvo. Com o polvo na mão e o apoio da mãe, a bebê senta-se novamente no chão.

C) Observação Patrícia, Luiz e Laura

Bebê com 9 meses e 1 semana

Com a filha no colo, o pai se dirige ao escritório, onde há um tapetinho tipo de ioga e alguns brinquedos espalhados pelo chão. Ele coloca a filha sentada sobre o tapete e senta-se a uma distância de pouco mais de um metro. O pai coloca alguns brinquedos perto de si. Pega um chocalho, mostra-o para a filha e o balança. A bebê olha para o pai e em seguida olha para o chocalho.

— Vem filha, vem — o pai diz.

Ela leva o corpinho para a frente, se apoia sobre os dois braços e volta à posição sentada. Tenta isso por algumas vezes, até que consegue ficar de quatro. Com alguma dificuldade, ela se locomove pelo chão, engatinhando bem devagar, até aproximar-se do pai e pegar um pequeno brinquedo. O pai dá uma forte risada e bate palmas. Chama a mãe:

— Patrícia... Patrícia... Patrícia... — mas a mãe não aparece.

— Muito bem filha... você já tá engatinhando... assim você vai muito longe! — ele diz para a bebê, num tom de comemoração. Depois de algum tempo a mãe aparece.

— Você precisava ver ela engatinhando — ele diz para a esposa.

— Foi difícil, mas ela conseguiu, né filha? — o pai reforça, agora olhando para a filha.

A mãe sorri e, dirigindo-se a mim, pergunta:

— Quando você começou aqui com a gente ela já sentava sozinha?

— Acho que ela se sentava, mas ainda precisava de um apoio nas costas — respondi.

— Nossa, filha, tá vendo como você evoluiu? — ela diz, olhando e sorrindo para a bebê.

Logo em seguida ela se senta ao lado da filha. A bebê lança o corpo na direção do colo da mãe como se fosse escalar a sua perna.

A mãe segura os braços da filha de forma que ela fique de pé e logo em seguida a pega no colo.

Quando penso na cadência de movimentos corporais entre uma mãe – ou pai – e seu bebê, penso em uma dança a dois.

Esses primeiros contatos corporais, embalados pelo ritmo compartilhado, foram traduzidos por Roussillon (2005) como "coreografia do encontro": com seus diferentes compassos rítmicos, quase imperceptíveis, dois corpos se aproximam e se sustentam, formando um quadro de beleza e harmonia.

Partindo da proposta do psicanalista francês, proponho um olhar mais minucioso ao *pas de deux*, pois me parece ser o estilo que mais se assemelha a essa coreografia.

Vejamos. O *grand pas de deux* é composto de cinco partes: a entrada, o adágio, duas variações e a coda. Na primeira etapa, os bailarinos se apresentam e se posicionam um perto do outro, em preparação para o adágio. No segundo momento, o bailarino executa movimentos lentos e elegantes. Com força e equilíbrio, fornece suporte – um braço, uma mão – para que a bailarina possa realizar proezas de equilíbrio que seriam impossíveis de ser executadas sem ajuda. Na terceira parte, os bailarinos se separam, e cada um executa um solo, mostrando ao público suas habilidades. Nesse momento, um assiste às proezas do outro com ar de cumplicidade. A coda, como segmento final, apresenta uma recapitulação das partes anteriores.

Por meio da dança, vemos como se articulam movimentos de dependência e independência, aproximação e separação, apoio e sustentação. Metzner (2021) reforça que é nessa dança que o sujeito nascente e o objeto primário vão constituindo e ajustando os passos cada vez mais complexos da coreografia.

Penso que, assim como no *pas de deux*, as primeiras experiências de vínculo são pautadas pelos movimentos corporais, toques e olhares, embalados pela cadência dos movimentos corporais e pelo ritmo único da díade em seus diferentes tempos.

Nos relatos aqui descritos, podemos notar a sincronia na troca de olhares e os movimentos entre os bebês e seus pais. Vejamos. Na cena A, o pequeno Pedro ensaia alguns movimentos sozinho: sustentado pela troca de olhares, pega uma peça e estende o braço em direção à mãe. Para por um momento e depois repete o movimento em direção à observadora. Em seguida, posiciona-se apoiado nos joelhos e mãos para ensaiar um engatinhar. Aproxima-se da mãe que lhe oferece a mão para que possa ficar de pé. Não seria esse um verdadeiro *pas de deux*? Em um primeiro momento, vemos o bebê se apresentando, ou seja, "dançando" sozinho, sustentado pelo olhar da plateia. Em seguida, a bailarina-mãe lhe oferece uma mão para que, apoiado nela, o bebê-bailarino possa fazer sua proeza de equilíbrio.

A cena B nos remete à mesma dança. A pequena Laura começa abrindo e fechando os braços e, em seguida, ensaia um movimento de deslocamento. Ela titubeia. Busca pontos de apoio em um jogo de equilíbrio e desequilíbrio. Projeta o corpo para a frente e recua algumas vezes até se sentir segura, apoiada sobre seus próprios braços. Realiza façanhas – como ficar de pé – que só são possíveis com a ajuda de seus pares. Como em um *pas de deux*, a mãe, encantada, olha para os movimentos da pequena bailarina ensaiando suas piruetas.

A terceira observação inclui a participação do pai. Será que poderíamos pensar em uma coreografia composta de três bailarinos? Notemos que em um primeiro momento o pai estimula a filha a superar a distância: *Vem filha, vem...* A partir daí, a bebê ensaia seus movimentos de deslocamento. O pai respeita o ritmo da filha, não interfere e espera até que termine sua coreografia, para, juntos, comemorarem a conquista. Em um segundo momento, a mãe entra no quarto e senta-se ao lado de Laura. A bebê novamente ensaia sua dança e, sustentada pelo seu par – a mãe –, coloca-se de pé. Penso que outro aspecto a ser destacado nesta última observação é a forma como o pai interage com a filha – seu tom de voz e entusiasmo – e o modo como ela reage aos movimentos dele. Lembro-me da ideia de "afetos de vitalidade" proposta por Daniel Stern, apresentada no Capítulo 5 deste livro. Para o autor (1992), trata-se de qualidades e de sensações indefiníveis, capturadas por termos dinâmicos, envolvendo energia, potência e força em movimento. Trata-se também de um fenômeno subjetivo e diz respeito ao "como", à "forma" e ao estilo do movimento na interação com o outro.

O ritmo na comunicação não verbal

A) Observação Patrícia e Laura

Bebê com 10 meses e 3 semanas

Sentada de frente à filha, ao final da refeição a mãe pergunta:

— Você quer uva, filha?

A mãe coloca alguns pedaços de uva sobre a bandeja.

A bebê pega um pedaço e o leva à boca. Mãe e filha se entreolham. A bebê estica o pezinho em direção à mãe, que oferece a mão para que a filha possa pousá-lo. A bebê pega outro pedaço de uva e o leva à boca. Em seguida, estica o braço em direção à mãe, que o pega e passa a afagá-lo.

Depois de algum tempo, terminadas as uvas, a mãe pega a bebê no colo e a leva para o banheiro.

B) Observação Luiz, Patrícia e Laura

Bebê com 7 meses

O pai volta a sentar-se no chão ao lado da filha, coloca o computador no colo e passa a digitar. A mãe sai da cozinha, vai para o corredor e desaparece da cena. A bebê começa a movimentar-se um pouco mais. Levanta e abaixa o braço direito como se estivesse batendo na perna do pai. Ele percebe os movimentos da filha e lhe oferece a mão. A partir daí, ela começa a bater na mão do pai, e ele na dela – quase como se fosse uma palma. Percebo o ritmo sincronizado dos dois que se entreolham. Vejo que um sorri para o outro.

C) Observação Patrícia e Laura

Bebê com 7 meses

Mãe e filha estão sentadas no chão, uma de frente para a outra. A mãe vai mexendo nos brinquedos um a um, explorando seus barulhos e formas. A bebê olha para os brinquedos e faz pequenos movimentos: pega uma argola, põe na boca. As perninhas pouco se mexem. Por várias vezes ela estica o corpo para pegar outra peça. Ao fazê-lo, vejo a mãe a escorando para que não se desequilibre. Quando a bebê estica o corpo para a frente, percebo seu esforço em apoiar-se no chão com os braços – quase como se quisesse engatinhar –, mas vejo que não consegue se sustentar neles.

A bebê passa então a reclamar e solta fortes balbucios. A mãe a pega no colo, em posição horizontal. A bebê leva a mão direita ao rosto, coloca os dois dedinhos centrais dentro da boca e passa a chupá-los (dedinho e indicador ficam de fora). Mãe e filha olham uma para a outra. A bebê levanta o braço esquerdo como se quisesse alcançar o rosto da mãe. Esta pega na mãozinha da filha e passa a acariciá-la. Ficam assim por alguns instantes, até que as mãos se soltam.

Ao refletir sobre essas cenas, me veio à mente a ideia do psicanalista francês Bernard Golse acerca da narratividade corporal. Para o autor, é por meio de seu corpo que o bebê nos conta algo de si (Golse & Desjardins, 2005). O psicanalista chama atenção para a linguagem analógica que se instala antes da linguagem verbal e sublinha a importância dessa forma de comunicação para que afetos e emoções possam circular entre o bebê e sua mãe. Esta seria a linguagem do sorriso, das mímicas, das expressões faciais, dos comportamentos e dos movimentos corporais.

Essas observações ilustram o tom de cumplicidade e ritmicidade entre as duplas. Na observação A, vemos a bebê sendo alimentada pela mãe. Ao estender o pé em sua direção, penso que a bebê estaria lhe dizendo algo como *Gosto muito de estar aqui com você e também gostaria de lhe dar algo meu*. A mãe compreende o movimento da filha e estende a mão, de forma a acolher o pé da bebê. Em seguida, como se estivesse dizendo *quero mais*, a bebê estica o braço em direção à mãe, que novamente entende a demanda da filha, oferecendo-lhe a mão.

Da mesma forma, o movimento dos braços da bebê batendo na perna do pai, que vemos na cena B, nos leva a pensar que ela estaria lhe dizendo algo como: *Ei! Estou aqui e quero brincar com você. Deixe logo esse computador*. O pai, reconhecendo a demanda da filha, para o que está fazendo, e juntos cocriam uma atividade rítmica de grande sintonia afetiva. Não seria essa uma forma de comunicação silenciosa (Winnicott, 1969/1994), baseada em um diálogo corporal entre pai e filha?

Ao rever essas duas observações, lembro-me da psicanalista francesa Marie Christine Laznik (2000) e da ideia de um terceiro tempo pulsional,[4] quando o bebê se oferece e faz de si mesmo objeto

---

4 Laznik (2000) descreve o primeiro tempo da pulsão como aquele em que o recém-nascido vai na direção de um objeto externo, como o seio ou a mamadeira. O segundo tempo é descrito como aquele em que o bebê toma como objeto uma parte do próprio corpo, a chupeta ou o dedo.

de um outro – nestes casos, a mãe na cena A e o pai na cena B. Para a autora, no terceiro tempo da pulsão, o bebê suscita a mãe, procurando ser olhado, ouvido ou mesmo tocado.

A observação C nos mostra uma bebê cansada de suas tentativas infrutíferas de alcançar um brinquedo. Laura começa a reclamar e ensaia um choro. Nesse momento da observação, seria possível pensar em alguma forma de comunicação verbal. Contudo, gostaria de chamar a atenção do leitor para um segundo momento dessa cena, que, a meu ver, aponta para uma comunicação não verbal. Vejamos: a mãe, reconhecendo o desconforto da filha, pega-a no colo e a posiciona de forma horizontal sobre seus braços. Ao levar a mão à boca e sugar dois dedinhos, não poderíamos pensar que a bebê estaria buscando o conforto e a segurança autoeróticos que encontra nos momentos da amamentação? Na sequência da observação, vemos que a bebê faz um movimento com o braço: ele sai em direção ao rosto da mãe como que para tocá-lo. Esse pequeno movimento de Laura levou-me a pensar no conceito de "aspirais de retorno",[5] desenvolvido por Geneviève Haag (2018). A psicanalista francesa destaca a possível tentativa do bebê de prolongar uma experiência harmoniosa com a mãe. Refletindo sobre essa observação, chego a pensar que, com seu corpo, a pequena Laura estaria contando à mãe algo como: *Gosto muito de ficar em seu colo. Sinto-me segura aqui. Podemos ficar assim por mais algum tempo?*

O eixo vocal

Em sua teoria, Winnicott (1963/1990b) aponta para uma correspondência entre os estágios do desenvolvimento maturacional e a aquisição dos diferentes modos de comunicação. Nos estágios

---

5 O termo original em francês é *boucles de retour*.

iniciais, enquanto o objeto é subjetivamente percebido, a comunicação ocorre de forma não explícita, como vimos em algumas vinhetas apresentadas anteriormente. Mas, na medida em que o objeto passa a ser objetivamente percebido, uma nova forma de comunicação – agora explícita – começa a se estabelecer. Esse modo de comunicação pode ser concebido a partir das diferentes formas de expressão e de linguagem, sejam elas verbais ou não verbais. Neste eixo, tratarei do ritmo nas trocas verbais entre mãe – ou pai – e seu bebê. Incluirei ainda uma forma transicional de comunicação, ou seja, aquela que introduz elementos verbais e não verbais.

A) Observação Helena e Pedro

Bebê com 6 meses e 1 semana[6]

> *A mãe atende a minha chamada e me diz que o bebê está dormindo. Ela me leva até o quarto do filho e coloca o telefone sobre a cômoda, de forma que eu tenha uma visão completa do berço. O bebê está deitado de bruços, com a cabeça virada para o lado oposto de onde estou.*
>
> *Sua cabeça está sobre um pequeno travesseiro e seu corpo é coberto por uma manta azul-clara. Ele dorme serenamente. Não se mexe. Ficamos ali por volta de 40 minutos. Ele quieto, e eu olhando para a imagem que a tela do meu computador me mostrava. Não havia barulho algum.*
>
> *Ao final dos 40 minutos, ouço a voz da mãe vindo da sala. Acredito que falava alguma coisa com o marido. O bebê começa lentamente a se mexer. Primeiro os braços,*

---

6 Essa observação foi feita de forma virtual em função das restrições impostas pela pandemia de Covid-19.

depois consegue virar o corpo. Ele balbucia um pouco, como se estivesse reclamando. A mãe vem até a porta do quarto, mas não se aproxima do berço. Ela continua conversando com o marido.

O bebê para de reclamar e fica de barriga para cima, com os olhos bem abertos. Mexe levemente os braços e as pernas. A mãe se aproxima do berço e, logo em seguida, o bebê volta a reclamar. Ela aproxima a cabeça do corpo do filho e lhe faz um carinho nas pernas. Em seguida, começa a cantar "Alecrim dourado" e o retira do berço.

Nessa observação, chamo atenção para o modelo de comunicação primitiva que se estabelece entre mãe e filho e aponto para componentes verbais e não verbais na interlocução. Arrisco-me a traduzir o diálogo subjacente aos balbucios do bebê e à fala da mãe. Vejamos. A mãe diz alguma coisa para o marido quando está na sala. Teria sido de propósito?[7] O bebê acorda, começa a se mexer e reclamar, como se estivesse dizendo: *Mãe! Cadê você?* Ela se aproxima da porta do quarto, mas continua conversando com o marido como, se dissesse ao bebê: *Já estou indo, filho.* O bebê ouve a voz da mãe, para de reclamar e a espera. Ela chega perto do filho: *Pronto, cheguei!* Mas, em seguida, ele volta a reclamar: *Por que demorou? Eu quero levantar.* Finalmente, a mãe aproxima a cabeça do corpo do bebê e lhe faz um carinho nas pernas. Penso ser interessante notar a comunicação indireta que se estabelece entre mãe e filho e como elementos verbais – como choro e balbucio – e não verbais – como a aproximação dos corpos e o afago nas pernas – aparecem ao longo da interlocução.

---

7 Penso nos possíveis sentimentos de ambivalência da mãe nesse momento: por um lado, um certo prazer em aproveitar que o bebê está dormindo para poder cuidar de seus afazeres ou mesmo relacionar-se com o marido. Por outro, a vontade de que ele acorde para poderem estar juntos novamente.

Ainda sobre essa cena, chamo a atenção do leitor para o respeito da mãe em relação ao ritmo de transição do sono para o estado de vigília do filho.

B) Observação Helena e Pedro[8]

Bebê com 5 meses e 3 semanas

> *A mãe coloca o bebê de bruços sobre a cama, ajeita-o para que seus braços fiquem voltados para a frente e para que ele possa sustentar a cabeça.*
>
> *O bebê tem pouca liberdade de movimento com os braços. Ele tenta pegar alguns brinquedos que estão sobre a cama, mas não os alcança. Fica apenas contemplando o que está à sua frente.*
>
> *Depois de algum tempo, começa a gemer e soltar alguns grunhidos. A mãe o pega nos braços e o coloca sentado, apoiado na almofada meia-lua.*
>
> *— Agora eu cansei, mãe — ela diz em um tom manhês.*
>
> *O bebê estica o corpo e busca os objetos que estão sobre o colchão. Pega um pequeno espelho e o leva à boca.*
>
> *— Esse não, filho. Toma. Esse aqui você pode levar na boca — a mãe entrega ao filho um patinho de borracha.*
>
> *O bebê o leva à boca, e, em um determinado momento, o patinho cai um pouco à frente, longe da distância de seus braços.*
>
> *— E agora, filho? Você consegue pegar?*

---

8 Essa observação foi feita de forma virtual em função das restrições impostas pela pandemia do Covid-19.

> *O bebê estica o corpinho e pega o patinho, levando-o à boca novamente. Solta diversos balbucios, como se estivesse reclamando. A mãe o muda de posição, de bruços para sentado. Depois, de bruços de novo. Depois, sentado na perna da mãe.*
>
> *Depois de um longo tempo, o bebê volta a balbuciar fortemente, ao que a mãe diz:*
>
> *— Eu cansei, mamãe.*
>
> *Ela se levanta, pega o bebê no colo e o telefone comigo na tela. Juntos, vamos os três para a cozinha.*

Nessa cena, é interessante observar como a mãe reconhece o desconforto do filho por seus balbucios e gemidos. Ela os traduz, atribui-lhes significados e os verbaliza como se estivesse falando por ele. Anzieu (1985/1988) considera que o bebê só é estimulado a emitir balbucios se o meio ambiente o preparou pela qualidade, precocidade e volume do banho sonoro no qual está mergulhado. Para o autor, o banho melódico da voz da mãe e suas cantigas põem à disposição do bebê um primeiro espelho sonoro do qual ele irá se valer posteriormente nos jogos de articulação fonemática. Nesse sentido, chamo a atenção para as primeiras vinhetas apresentadas na seção "O eixo corporal", deste capítulo. Trata-se de observações da mesma dupla quando o bebê tinha então 3 meses. Nas referidas cenas, vemos o bebê chorando e a mãe cantando para tentar fazê-lo dormir em seus braços. Não estaria ela lhe oferecendo um primeiro espelho sonoro e assim preparando um campo para as trocas vocais que viriam meses depois?

Permito-me avançar um passo no pensamento de Anzieu e acrescentar a importância da construção de um ritmo sincronizado nesses espelhos sonoros tão primitivos. Penso que é na capacidade da mãe de reconhecer as necessidades do filho e adaptar-se aos seus ritmos que o processo de espelhamento[9] pode ocorrer. Na cena que acabamos de descrever, podemos ver por duas vezes o respeito da mãe ao desconforto do filho e sua resposta às queixas do bebê em um ritmo que poderia ser pensado como um diálogo sincrônico.

C) Observação Helena e Pedro

Bebê com 9 meses e 2 semanas

A mãe vai para a sala com o bebê no colo e lhe pergunta:

— Você quer uma laranja? Mamãe vai cortar uma laranja pra você.

Ela coloca o bebê no chão da sala e se dirige para a cozinha. Ele reclama:

— Ahhh... brrrrr...

— Estou aqui, filho.

Ele engatinha até a cozinha e volta a sentar perto de onde estava a mãe. Ainda assim, olha bastante pra ela e solta novos balbucios:

— Aaahhhh...

— Calma. Vou te dar uma coisa pra você brincar — E oferece uma escumadeira de borracha vermelha.

Ele se entretém com a escumadeira, balançando para cima e para baixo. O corpo todo acompanha esse movimento. Ora estica, ora contrai. As perninhas também abrem e fecham. Ele parece se divertir. Em um determinado momento, ele olha mais fixamente para

---

9   A Profa. Dra. Rosa Tosta, em aula no curso de Pós-graduação na PUC-SP (15 out. 2021), retoma as três funções da mãe segundo Winnicott (*holding*, *handling* e apresentação de objetos) e sugere acrescentar uma quarta. Para Tosta, a função de espelho, ou seja, aquela que reconhece o *self* do bebê, é tão importante quanto as demais.

a escumadeira e enfia seu dedinho nas áreas vazadas. Faz isso por alguns segundos.

A laranja está cortada. A mãe se dirige para a sala, mas ainda não pega o bebê no colo. Ela começa a preparar a sala para que ele possa comer. O bebê começa a chorar.

— Calma, filho. A mamãe tem que preparar aqui pra você comer. Eu adoro laranja, sabe tia Martha? — a mãe diz.

Ela demora um pouco para forrar o chão com plástico e posicionar a cadeira. Ele continua chorando. Finalmente, ela pega o bebê e o posiciona na cadeirinha. Aos poucos, ele para de chorar. A mãe puxa uma cadeira, senta-se na frente do filho e passa a lhe oferecer os pedaços de laranja.

Pedro está agora com 9 meses. Já engatinha pela casa e segue a voz da mãe. Solta vários gemidos, mas dessa vez a mãe não coloca palavras em sua boca, como *Eu cansei, mamãe.* Diferente da observação anterior – quando o bebê tinha 5 meses – ela responde diretamente à reclamação do filho, respeitando a temporalidade de um diálogo: *Estou aqui, filho,* ou *Calma, vou te dar uma coisa pra você brincar.*

Estabelece-se assim uma comunicação entre mãe e filho. Por um lado, Pedro manifesta seu interesse e desconforto por meio de balbucios. E, por outro, a mãe atribui significado aos vocalises do filho e age de forma a ir ao seu encontro. Interessante notar que o bebê chega a chorar quando a mãe sai da cozinha. Será que teria perdido sua parceira na comunicação? De qualquer forma, ela responde a seu choro, atribuindo um significado para sua ausência: *Calma filho, a mamãe tem que preparar aqui pra você comer.*

Ao reler essa observação, chego a pensar que essa nova forma de diálogo só foi possível na medida em que a mãe reconheceu a possiblidade de autonomia e relativa independência do bebê.

Recorro ainda às palavras de Maria Cecília Pereira da Silva em uma de nossas supervisões:[10] É a narrativa do outro que vai subjetivando o bebê, cerzindo suas possíveis angústias.

D) Observação Helena e Pedro

Bebê com 10 meses e 2 semanas

> *O pai está sentado na cadeira da sala de jantar, e reveza o trabalho no computador com a atenção ao filho que está sentado no chão, ao lado da cadeira.*
>
> *Nesse momento, da cozinha, a mãe fala alguma coisa. O bebê então dirige o olhar para ela e começa a engatinhar em sua direção. Ele chega à cozinha e se posiciona entre a mãe e a bancada. A mãe oferece um pedaço de manga e alguns brinquedos de cozinha ao filho: uma colher de plástico e um tubo de temperos preenchido com arroz. Ele aceita a fruta, pega o tubo (como se fosse um chocalho) e balança para cima e para baixo.*
>
> *— Você vai cozinhar também, filho?*
>
> *A partir daí, vejo um diálogo entre os dois. Ela está virada para a pia, cortando a fruta. Enquanto o faz, vai perguntando coisas para o filho. Ele — sem olhar para ela, mas entretido com o chocalho — passa a emitir sons. Foi algo mais ou menos assim:*
>
> *— Me conta o que você vai fazer.*
>
> *— Mmmgh... mmmgh...*
>
> *— Nossa. Essa receita eu não conheço. Será que é boa?*
>
> *— Ghhhr... ghhhr...*

---

10 Supervisão em 21 de setembro de 2021.

— Ah... então tá. Depois a gente prova juntos.

— Rrhahh... rrhahh...

— Nossa! É mesmo?

As falas foram intercaladas. Ora um, ora outro. No final do diálogo, porém, elas se sobrepuseram.

Pedro está com 10 meses e meio. É interessante observar o ritmo e a temporalidade no interjogo e nas trocas vocais entre mãe e filho descritas aqui. Os dois estão na cozinha. A mãe lhe oferece alguns brinquedos e o convida a cozinhar. Ela continua voltada a seus afazeres, ao mesmo tempo que assegura sua presença ao filho. A partir daí, passam a "conversar". Uma lente mais aproximada nos levaria a perceber o quanto a mãe oferece o tempo e o espaço necessários para que o filho possa se expressar. Em sua fala, ela intercala perguntas – como se o estivesse convidando ao diálogo — com frases que atribuem significado aos balbucios do bebê. Sem que um olhe para o outro, estabelece-se ali um encontro banhado por cumplicidade e intimidade.

A sintonia e a sincronicidade das falas me levaram a pensar em verdadeiros compassos musicais, alternados de forma rítmica. Nesses momentos, pude presenciar o desenrolar de protoconversações tão bem ilustradas por Trevarthen (1999):

A protoconversação entre bebês e seus cuidadores tem características invariantes que refletem: a) coordenação entre os vários canais de expressão e modalidades de consciência do bebê, que pode se comportar como um ator expressivo e fluente, e b) uma compreensão mútua ou empática por meio da qual bebê e parceiro improvisam um engajamento ou desempenho integrado e padronizado. (p. 177, minha tradução)

Assim, mãe e filho alimentavam-se reciprocamente na cozinha: ela preparando e oferecendo-lhe frutas; ele balbuciando para ela, respondendo às suas falas e nutrindo-a com sua receptividade e atenção.

Ao rever essa observação, lembro-me ainda da importância da sintonia afetiva, apontada por Guerra (2014b) em sua grade de indicadores de intersubjetividade, como veremos no Capítulo 4 deste livro. Esse indicador diz respeito à experiência mútua de compartilhar um estado emocional. Por um lado, o bebê demonstra sua intensidade afetiva – neste caso, mediante suas vocalizações. Por outro, a mãe responde na mesma magnitude. Nessa observação, vemos como, além de fazê-la, ela ainda lhe atribui um significado.

E) Observação Patrícia, Luiz e Laura

Bebê com 9 meses e 1 semana

A mãe está na cozinha com a filha no colo, preparando o almoço. O pai se aproxima e pergunta:

— Quer que eu segure ela?

A mãe concorda, e a bebê passa para o colo dele que, a partir desse momento, começa a apresentar e nomear as comidas que estavam no "tupperware". Ele pega cada vidrinho, mostra para a filha e o nomeia:

— Essa é a a-bo-bri-nha... aqui é a ce-nou-ra... essa é a be-rin-ge-la.

— Baahhh... paaaa... — a bebê balbucia.

— Acho que tudo pra ela é batata — o pai comenta com a mãe. E, dirigindo seu olhar para a filha, ele complementa:

— Será que a primeira palavra que você vai falar é batata, filha?

O pai volta a apresentar os potinhos com alimentos:

— Essa é a ba-ta-ta...

A mãe o corrige, dizendo que aquilo era mandioquinha. O pai dá risada:

— Mandioquinha, filha. Esse aqui é mandioquinha — ele diz para a filha.

O pai põe a bebê sentada na cadeirinha que estava sobre a mesa da sala de jantar. Ela mexe os braços e pernas. Mas a comida ainda não estava pronta.

— Ish... acho que eu te pus aqui um pouco cedo demais, filha... — o pai comenta.

Depois de alguns instantes, a mãe se aproxima com o prato:

— Você quer que eu dê pra ela? – o pai pergunta, e a mãe concorda. Assim, com a filha sentada à sua frente, ele coloca pedaço por pedaço de comida na bandejinha de forma que ela possa pegar e comer. À medida que vai colocando, vai também nomeando.

— Co-mi-di-nha... co-mi-di-nha... a-bo-bri-nha... man--dio-qui-nha... — ele fala em uma prosódia melódica. A bebê pega pedaço por pedaço e os leva à boca. O pai permanece olhando para a filha. Primeiramente, coloca apenas os legumes e, na sequência, coloca um pedaço de carne. Ela pega um pedaço e o leva à boca, mas não consegue colocá-lo inteiro

— Vish... acho que eu te dei um pedaço grande, né filha? Vou cortar em pedacinhos menores — ele fala para a filha e passa a colocar os pedaços de carne sobre a bandejinha.

Enquanto ele coloca a comida sobre a bandeja, a bebê solta vários balbucios.

— Baaahhh... trrr...

— Sério, filha? Me conta mais...

— Aaagrrr...

— Você não gostou da abobrinha? É difícil de engolir? Ahh... entendi, você prefere a mandioquinha, né?

A bebê pega pedaço por pedaço e os leva à boca. Por vezes, amassa um pedaço de mandioquinha e o pai ri. Outras vezes a bebê baba e o pai ri novamente.

Quando já não há pedaço de carne sobre a bandeja, ela procura no pratinho que está sobre a mesa.

— Ah... você prefere a carne? Toma, vou pôr mais uns pedaços pra você.

Ele coloca os pedaços sobre a bandeja e ela come um por um. Quando resta apenas um pequeno pedaço de carne, o pai comenta:

— Ah... achou um chorinho, né?

Ao término da refeição ele a pega no colo e vão para o banheiro.

Guerra (2014b), na grade de indicadores de intersubjetividade, aponta para a protoconversação como o modo pelo qual os bebês inauguram sua comunicação verbal, produzindo e imitando sons e observando os efeitos em seus interlocutores.

Nessa observação, podemos ver como as trocas verbais entre pai e filha sustentam um diálogo imaginário e ampliam as trocas afetivas. Vejamos: em um primeiro momento, o pai apresenta os alimentos à filha e os nomeia um por um. Ao fazê-lo, imprime um tom rítmico e vai, carinhosamente, ampliando o universo linguístico da bebê. No decorrer da cena, um diálogo vai se compondo. Reconhecendo a alteridade da filha, o pai passa a narrar seus movimentos, atribuindo-lhes sentido. A filha, por sua vez, reconhece e responde às falas do pai e as intercala com seus balbucios. Por esse diálogo, podemos testemunhar uma verdadeira relação de intimidade entre a dupla. Silva (2021) assinala que as interações íntimas, pautadas na relação continente/conteúdo, têm como qualidade serem delimitadas pela atenção seletiva, ou seja, aquela dirigida com exclusividade ao bebê. A autora reforça que o desenvolvimento emocional depende tanto da possibilidade de o bebê viver momentos de intimidade com seu cuidador primário como de ter suas necessidades atendidas e compreendidas pela *rêverie* materna/paterna.

Lembro-me ainda das palavras de Guerra (2014c), que poderiam descrever melhor as trocas entre pai e filha que vimos nesta última observação: "Ritmicamente, vemos uma dança que simula um diálogo que transcende o verbal: palavras, gesto do rosto, tom de voz e ação motriz se conjugam para auspiciar um clima lúdico no encontro". Vivências compartilhadas como as descritas aqui compõem a base para a constituição do *self*.

O eixo lúdico

Na medida em que ascende a uma certa subjetividade e passa de um estado de dependência absoluta para a dependência relativa (Winnicott, 1963/1990a), o bebê inaugura diferentes possibilidades de interação com o outro e abre um novo campo de experiências.

Ora, se nos primeiros meses de vida o recém-nascido teve como prioridade descobrir o prazer do contato com sua mãe, ao final do primeiro semestre novos elementos entram em cena. Nesse período, vemos como a atenção pode ser uma ponte de união e separação para que ele invista em outros objetos para além do corpo materno (Guerra, 2014a).

Além disso, o acesso à posição vertical, a partir do quinto ou sexto mês, contribui para que novas trocas lúdicas entre a mãe e o bebê se apresentem. Nesse intercâmbio afetivo, as experiências ganham novos contornos e o mundo ao redor passa a ser entendido como algo a ser compartilhado com os outros (Giaretta & Silva, 2019). Segundo Guerra (2014b), o prazer extraído desses encontros gera uma verdadeira eclosão de intersubjetividade. Vejamos as observações:

A) Observação Patrícia e Laura

Bebê com 7 meses e 3 semanas

> *Sentada no chão ao lado da bebê, a mãe pega um livrinho de capa dura e o abre para a filha. Vejo que em cada página há uma textura diferente. Ela chama a atenção da filha para as texturas, passando seu próprio dedo sobre elas. A bebê pega o livro e passa a manuseá-lo. Levanta e abaixa o livro. Tenta abrir suas páginas. E, por fim, descobre as texturas de cada folha.*
>
> *Momentos depois, a mãe busca outro livro sobre a mesa da sala. Em sua capa há um pequeno buraquinho e suas páginas contêm bichos escondidos por um pedacinho de pano. A mãe abre o livro na primeira página e chama a atenção da filha para a imagem. Mas a bebê leva seu dedinho até o buraco da capa. Põe e tira o dedinho do buraco. Em seguida, olha para a página coberta pelo pedacinho de pano.*
>
> *— Cadê o bichinho, filha? — a mãe pergunta.*
>
> *A bebê abre e fecha a mão várias vezes, até aproximá-la do pano. Ela pega o pedacinho de pano e o levanta, de forma a ver o bicho que estava escondido.*

— Ahh... você achou o macaco — a mãe diz, com um leve sorriso.

A mãe vira a página e vemos outro pedacinho de pano cobrindo a imagem.

— E agora... quem será que está aqui, filha? — a mãe pergunta.

A bebê abre e fecha a mão várias vezes, até que pega o pedacinho de pano e o levanta.

— Ahh... você achou a girafa — a mãe diz.

A bebê levanta os olhos e fica olhando para a mãe por algum tempo. Faz força com o rosto, como se estivesse evacuando.

— Mmmm... será que tem cocô aí? — a mãe pergunta...

Mas a mãe volta-se para o livro novamente. Uma terceira vez ela vira a página e a bebê repete a mesma sequência: abre e fecha a mão várias vezes até levá-la ao paninho. Ela o levanta e descobre quem estava escondido.

A filha passa a se mexer mais e mais, solta vários balbucios que quase chegam a ser gritos.

— Deixa ver se você tem cocô aí? — a mãe diz.

Ela pega a filha no colo e verifica a fralda.

— Mmmm... fez sim. Vamos trocar?

B) Observação Patrícia e Laura

Bebê com 9 meses e 3 semanas

Mãe e filha estão sentadas no chão da sala.

— O que mais você quer pegar na sua sacola de brinquedo? — a mãe pergunta, enquanto puxa um saco de

pano para perto da filha. A bebê estica o corpo e enfia a mão dentro do saco de brinquedos, mas não pega nada lá de dentro. Ela volta a se sentar e passa a explorar com os olhos outros brinquedos ao seu redor. Ao longo desse período, ela continua balbuciando bastante, ao que a mãe comenta:

— Nossa, como você tá faladeira hoje!

A mãe então puxa um quadro multissensorial e o ajeita verticalmente para que a filha possa explorá-lo. A bebê leva o braço à frente, até encostar em uma bolinha giratória. Ela bate várias vezes na bolinha. A mãe liga um botão na parte lateral do quadro e uma música começa a tocar. A bebê olha para a mãe, que sorri de volta para a filha:

— Você gostou? É assim, ó!

A mãe então mostra à filha o botão de liga e desliga. A bebê leva a mãozinha até lá e com a mãe faz o movimento para cima e para baixo. Quando a música começa a tocar, ela olha outra vez para a mãe, que, novamente, sorri. Repetem essa sequência algumas vezes.

Nessas observações podemos ver a forma lúdica como a mãe apresenta os objetos à filha. Na observação A, ela abre o livro para a bebê e, ao passar o dedo sobre as páginas, chama a atenção da filha para as diferentes texturas. A bebê observa atentamente os movimentos da mãe e mostra interesse pelo livro: pega-o na mão e passa a manuseá-lo.

Em seguida, na mesma observação, a mãe apresenta outro livro com um buraco na capa e animais escondidos por um pano. Ela abre o livro e chama a atenção da filha para os animais, mas a bebê se interessa pelo buraquinho da capa. Sinto que a mãe respeita o tempo da filha para que explore o livro, e só quando ela olha para a página com os bichos escondidos é que a mãe chama a sua atenção: *Cadê o bichinho, filha?* A partir daí, vemos mãe e filha cocriarem uma experiência rítmica e lúdica semelhante ao "esconde-esconde".

Os movimentos que a bebê faz com a mão – abre e fecha, abre e fecha –, antes de pegar o livro me chamaram atenção. Será que, de forma motora, estaria apenas antecipando a ação de pegar o livro? Ou o ritmo de seu movimento poderia representar a alternância entre *escondido/ encontrado*?

Da mesma forma, na observação B, vemos a mãe apresentar à filha um quadro multissensorial que parece propiciar uma experiência de atenção diferente dos movimentos habituais. A filha explora livremente o brinquedo, até que a mãe aperta um botão de música e chama sua atenção para uma vivência conjunta. Como se estivessem cocriando uma experiência lúdico-musical, as duas se entreolham, evidenciando um momento de grande cumplicidade.

Ao reler essa observação, lembro-me do psicanalista uruguaio Victor Guerra (2014b) apontando para a importância da atenção conjunta e dos objetos tutores, que representam o sétimo indicador da grade de intersubjetividade. Para o autor, ao aproximar-se do oitavo mês de vida, o bebê passa a se mostrar mais interessado por objetos com os quais deseja interagir, e demonstra esse querer por meio de sua experiência de atenção com a mãe.

Nas observações descritas aqui, vemos uma mãe aberta a esses novos interesses da filha. Ao lhe apresentar livros e brinquedos, permite que ela se volte a objetos que não sejam o corpo materno.

Guerra (2014b) reforça que a experiência de atenção conjunta inaugura as primeiras representações triádicas do *infans*, ou seja, os primeiros encontros com um terceiro objeto que não seja nem a mãe,

82 OBSERVANDO O RITMO NA RELAÇÃO PAIS-BEBÊ

nem o próprio bebê. Esses objetos, aponta o autor, são testemunhas de um encontro entre a dupla e são carregados de pequenas histórias, construídas pelas narrativas da mãe e pela experiência compartilhada.

C) Observação Helena e Pedro

Bebê com 8 meses e 2 semanas

Com o filho no colo, a mãe vai até a sala e os dois se sentam no chão, um de frente para o outro. A mãe começa a cantar e bater palmas. O bebê olha pra ela fixamente e começa a imitá-la. Ele tenta bater palmas, mas não consegue. Então aproxima uma mão da outra e balança as duas juntas para cima e para baixo. Sorri e olha para a mãe. As pernas que o apoiam no chão não se mexem, e parecem servir de apoio para que ele mexa os braços.

Ele emite vários sons... brrrr... quase cuspindo...; a mãe faz o mesmo, como se o estivesse imitando. Ele balbucia novamente e ela o copia mais uma vez.

O bebê ensaia novamente um engatinhar e, com a ajuda da mãe que lhe estende a mão como um apoio, ele vai para seu colo. Ela está sentada no chão com as pernas semidobradas e ele se senta de frente pra ela, apoiando as costas em suas pernas. A mãe então pega uma fraldinha e começa a fazer o jogo de esconder: coloca a fralda sobre sua cabeça e pergunta:

— Cadê a mamãe?

O bebê fica com o olhar fixo na fralda e a puxa.

— Achooou... Agora no Pedro.

Ela põe a fralda sobre o filho:

— Cadê o Pedro?

Ele puxa a fralda:

— Achooouu...

Mãe e filho dão risadas juntos e repetem a brincadeira algumas vezes.

Ao ler essa descrição, procuro "voltar o filme" da observação e recorro a um efeito *zoom* para melhor pensar sobre o que se passou. Vejamos:

1) Mãe e filho sentam-se no chão. Ela o posiciona de frente para si, de forma que possam se entreolhar e, possivelmente, compartilhar uma experiência.

2) Ao cantar e bater palmas, a mãe propõe uma brincadeira ao filho. Embalado pelo canto materno, esse jogo reúne fluxos sensoriais diversos, como a audição, a visão e o movimento dos braços do bebê.

3) O bebê olha fixamente para a mãe. Tenta imitar seus movimentos, mas não consegue. Recorre então a um movimento ritmado – sobe e desce – com as mãos. Olha para a mãe e sorri, compartilhando seu prazer na brincadeira.

4) Ele solta alguns balbucios, como se estivesse expressando vocalmente sua alegria e encantamento na brincadeira com a mãe.

5) Ela faz o mesmo, compartilhando – na linguagem do filho – a mesma emoção.

Penso que o exercício de decupagem dessa cena permitiu dar luz à coreografia coconstruída entre a dupla, a partir da melodia do canto materno. Não seria esta uma experiência lúdica e rítmica, por meio da qual ambos puderam compartilhar emoções? Mas vejamos o que se passa a seguir na cena:

6) O bebê ensaia engatinhar, mas não consegue. Sustentado pelo braço da mãe, chega até seu colo.

7) Ela o posiciona novamente sentado de frente para si – apoiado em suas pernas – de forma que possam se entreolhar diretamente. Ao acomodar o filho nessa posição, penso que a mãe estaria abrindo novas oportunidades para experiências compartilhadas.

8) Em seguida, ela o convida a um novo jogo. Pega a fraldinha, coloca-a sobre sua cabeça e, a partir daí, propõe o jogo de esconder, alternando a vez de quem se esconde com a vez de quem encontra.

Como veremos no Capítulo 4, o jogo de esconde-esconde está em estreita ligação com o aparecimento da angústia de separação. Trata-se de um jogo de elaboração de presença e ausência do objeto. Na cena descrita aqui, vemos que o jogo vem acompanhado de uma narrativa rítmica – *Cadê? Achou!* – que, somado às expressões faciais de surpresa da mãe, confere grande ludicidade à brincadeira. Não seria essa uma forma prazerosa de investir na ausência da mãe como algo tolerável? Não estaríamos testemunhando os primeiros passos para a incorporação da noção de um objeto interno por parte do bebê?

Guerra (2020) aponta para aspectos importantes do jogo de esconde-esconde no processo de subjetivação. O primeiro está ligado à suspensão do tempo, a uma espera para que algo aconteça. *Cadê a mamãe?* Notemos que há uma pausa e um aumento de tensão, até que ela se apresente. Esse movimento temporal, segundo o autor, tem uma qualidade rítmica previsível que caracteriza certa continuidade. Contudo, a cada repetição, uma nova surpresa se apresenta, conferindo à experiência elementos de descontinuidade. Um segundo significado sublinhado pelo autor diz respeito a uma narratividade lúdica – tão comum nos contos infantis – na qual se desenvolve uma intriga, um conflito e um final feliz.

Penso ainda na importância desse jogo como um fenômeno transicional[11] (Winnicott, 1971/2019c), por meio do qual o bebê transita entre um estado de maior fusão com a mãe, para um estado de relação com ela como um ser separado e externo a ele. Um jogo dialético de esconder e mostrar, por meio do qual é possível preservar algo de si para si próprio e, ao mesmo tempo, se colocar disponível para ser encontrado pelo outro. Winnicott (1963/1990b) nos ajuda a entender o paradoxo:

> *eis aí o quadro de uma criança (referindo-se a uma vinheta relatada por ele) estabelecendo um eu privado que não se comunica, e ao mesmo tempo querendo se comunicar e ser encontrada. É um sofisticado jogo de esconder em que é uma alegria estar escondido mas um desastre não ser encontrado. (p. 169)*

Por fim, vale notar a alternância entre quem se esconde e quem encontra. Primeiramente, vemos a mãe escondendo-se e o filho encontrando-a. Mas, no segundo momento, ela esconde o filho. E então é ele quem puxa a fraldinha para que a mãe o encontre, como se estivesse revelando-se para ela e antecipando a alegria de se inscrever no seu rosto e no seu olhar. Essa cena me levou a pensar novamente na ideia de um terceiro tempo pulsional. Laznik (2000) reforça que, nessa medida, o bebê deixa de ser passivo na situação e passa a se fazer objeto de alegria e desejo da mãe.

---

11 No texto "Objetos transicionais e fenômenos transicionais", no livro *O brincar e a realidade*, de 1971, Winnicott considera que o padrão dos fenômenos transicionais se revela quando o bebê tem entre 4 e 6 meses até 8 a 12 meses (Winnicott, 1971/2019c, p. 18).

D) Observação João e Pedro

Bebê com 10 meses e 3 semanas

Assim que chego, vejo pai e filho sentados no chão da sala. O bebê explora os brinquedos espalhados pelo chão. Se reveza entre ficar sentado e escalar o pai ou o carrinho que estava travado. Engatinha um pouco para buscar uma peça e se senta novamente. Tenta encaixar a peça na casinha. O pai ajuda, e conversa com o filho:

— Ahh... vamos colocar essa peça na casinha? Onde você acha que é?

O bebê emite alguns balbucios, tenta encaixar a peça, mas não consegue. O pai aponta para o vão da casinha, o bebê tenta novamente, mas sem sucesso. O pai então segura a mão do filho na posição correta e a peça se encaixa. O pai celebra: ehhh!! O bebê sorri e olha para o pai. Repetem algumas vezes essa brincadeira, com outras peças de encaixe.

Em seguida, o pai propõe ao filho:

— Pega lá o canudinho. Olha, aqui tá o pratinho. Vamos tocar?

O pai pega outro canudo e passa a bater no prato.

Pai e filho se entreolham.

Expressando um sorriso, o bebê pega o canudo e passa a bater de forma inconstante e descoordenada no pratinho. Ele olha para o pai, que vibra com os movimentos do filho.

— Vamos fazer um batuque? — o pai diz, mexendo o corpo de um lado paro o outro. Os dois então passam

a bater no prato. O pai faz vários movimentos com o corpo, como se estivesse dançando. O bebê curva e estica as costas de forma desordenada.

Depois de algum tempo, o pai pega uma espátula de cozinha que estava no chão e a equilibra sobre o eixo de um jogo de encaixe de argolas. O filho observa os movimentos do pai, que coloca uma peça de plástico em uma das extremidades da espátula. Ela imediatamente se desequilibra e cai no chão.

— Upiiis!!! — o pai diz em um tom de voz exagerado. A fala do pai, junto com o movimento da espátula caindo, desperta fortes gargalhadas no bebê.

O pai repete várias vezes a brincadeira.

O bebê ri de uma forma contagiante. O pai olha pra mim e rimos os dois com a risada do filho. Emocionado, o pai pega o celular e filma algumas vezes a sequência da brincadeira e as risadas do filho.

Penso que essa observação nos mostra três momentos rítmicos e lúdicos. O primeiro é marcado pela atenção conjunta do pai e do filho em direção a um objeto comum: o jogo de encaixe. O pai propõe a atividade e o bebê lhe responde com alguns balbucios. Em seguida, percebendo a dificuldade do filho em encaixar a peça, o pai lhe oferece uma pequena ajuda e os dois comemoram a conquista. Chamo a atenção para os primeiros instantes da observação, quando o bebê explora livremente os brinquedos em seu redor. É ele quem pega a peça de encaixe e é somente a partir desse instante que o pai propõe a brincadeira. Penso que o respeito do pai ao ritmo do filho abriu caminho para que novas experiências lúdicas pudessem acontecer.

Em um segundo momento, o pai propõe uma brincadeira diferente. Recorrendo novamente a objetos tutores, agora o canudinho e o prato, o pai cria com o filho um jogo de ritmo e movimento. Chamo a atenção para a atitude do pai e sua plasticidade emocional traduzida pelos movimentos corporais. Guerra (2014b) lembra que a intensidade na gestualidade não só capta a atenção do bebê para a situação, mas também permite que ele se dê conta de que esse estado afetivo não é apenas dele, e sim uma parte da experiência com o pai. Vale notar como o bebê, ao ver os movimentos do pai, passa a curvar o corpo para cima e para baixo de forma rítmica. Nesse momento, pai e filho dançam juntos ao som do batuque.

Por fim, o pai passa a manusear a espátula e, de forma despretensiosa, tenta equilibrá-la sobre o eixo do jogo de encaixe. Ele então acrescenta mais uma dificuldade à brincadeira e posiciona uma peça sobre uma das pontas da espátula, que imediatamente se desequilibra e cai. Notemos a variação de voz do pai nesse momento e seu tom exagerado, quase teatral ao dizer *Upiis*. Penso que sua fala, somada à queda da espátula, introduziu um elemento surpresa na brincadeira, tornando-a ainda mais excitante. A reação do filho também foi inesperada e suscitou no pai um forte encantamento. Essa nova forma de interagir – mediante um encontro lúdico banhado pelo prazer de estarem e de jogarem juntos – Guerra (2014b) a chamou de interludicidade.[12]

O autor reforça que, em jogos como os descritos nessa observação, o vínculo se estabelece quase sem o contato físico. Para Guerra, o jogar com o outro assegura um suporte afetivo quase tão importante quanto o suporte físico.

---

12 Vale lembrar que interludicidade caracteriza o décimo indicador da grade de indicadores de intersubjetividade desenvolvida por Guerra (2014b).

Parte II
Dialogando com a teoria

3. Tornar-se pai, tornar-se mãe

Não nascemos mães nem pais, e não temos às nossas mãos um manual de como cuidar, tratar e educar nossos filhos. Teremos de recorrer às nossas próprias experiências primárias inconscientes e aprenderemos dia a dia na relação com o bebê, a criança e, posteriormente, o adolescente.

A psicanálise, contudo, desde a década de 1960, vem se debruçando sobre esse campo, buscando compreender as transformações pelas quais passa o casal e a forma como vive e se adapta a esse novo papel. Vários autores dedicaram-se a estudar esse período de transformações desde a gestação até os primeiros anos de vida do bebê, sob o ponto de vista tanto do casal como especificamente da recém-mãe. Neste capítulo, percorrerei algumas delas, apresentando diferentes perspectivas a respeito do processo de "tornar-se pai" e "tornar-se mãe". Iniciarei contextualizando a ideia de parentalidade e a forma como esse conceito vem sendo usado dentro do campo psicanalítico. Em seguida, abordarei o tema da maternalidade, trazendo para este trabalho contribuições de dois autores – D. W. Winnicott e D. Stern – que se dedicaram a estudar as transformações da mulher com a chegada de um filho.

Sobre a parentalidade

O termo parentalidade foi inicialmente usado pela psicanalista húngara Therese Benedeck (1959) em seu livro *Parenthood as a developmental phase*. Nele, a autora defende a ideia de que o desenvolvimento da personalidade continua para além da adolescência, sob a influência da fisiologia reprodutiva. Assim, para Benedeck, seria a parentalidade e não a adolescência a derradeira fase do desenvolvimento libidinal da mulher: uma fase na qual ela seria confrontada com transformações identificatórias profundas, impostas pela revivência de conflitos antigos.

Houzel (2004) lembra que anos depois, ao estudar psicoses puerperais, o psicanalista francês Paul-Claude Racamier propôs traduzir o termo *motherhood* por "maternalidade", a fim de definir o conjunto de processos psicoafetivos que se desenvolve e se integra na mulher por ocasião da maternidade.

Vemos assim que, para além do termo "parentesco" – definido pelo dicionário Michaelis como "vínculo entre duas ou mais pessoas por consanguinidade, por afinidade, pelo casamento ou por adoção" –, a ideia de parentalidade abraça um campo bem mais amplo que o meramente biológico. O termo implica a ideia de um processo, ou seja, um "tornarem-se pais", que ocorre mediante um complexo encadeamento de aspectos conscientes e inconscientes do funcionamento mental (Houzel, 2004).

Solis-Ponton (2004) apresenta outra perspectiva do termo. Para a autora, o sufixo "dade" traz a noção de estudo e de conhecimento. Assim, parentalidade seria o estudo dos vínculos de parentesco e dos processos psicológicos que se desenvolveriam a partir daí. Mas que processos seriam esses? E quais seriam suas origens?

A pré-história da criança se inicia com a história individual de seus pais e de suas representações acerca da paternidade e maternidade. Stern (1997b) reforça que essas representações se formam a partir da experiência subjetiva de estar com outra pessoa, ou seja, daquilo que acontece com o *self* na interação com o outro. É fácil identificar essas representações quando pensamos em uma criança brincando com sua boneca e nos cuidados que lhe confere.

Assim, podemos pensar que o processo de filiação começa bem antes da concepção e do nascimento do bebê. Com efeito, ele nasce a partir da transmissão consciente e inconsciente da história infantil dos pais, de seus conflitos inconscientes e da relação com seus próprios pais, que colorem sua representação sobre a parentalidade (Zornig, 2010).

Dimensões e componentes da parentalidade

Ao pensar sobre a parentalidade, o psiquiatra e psicanalista francês Didier Houzel (2004) considerou três dimensões em torno das quais o conjunto de funções adquiridas pelos pais poderia se articular.

a) O exercício da parentalidade: refere-se ao exercício de um direito, próximo ao sentido jurídico propriamente dito. Essa dimensão situa o indivíduo nos seus laços de parentesco, e, com ele, seus direitos e deveres. Trata-se de um conjunto estruturado por laços de pertinência, filiação e de aliança. Do ponto de vista subjetivo, está relacionado aos interditos estruturantes que organizam o funcionamento psíquico de todo o sujeito, principalmente em relação ao tabu do incesto.

b) A experiência da parentalidade: trata-se da experiência subjetiva – consciente e inconsciente – de vir a ser mãe e pai. Em outras palavras, "compreende as modificações psíquicas que se produzem nos pais no decorrer do processo de sua transição para a parentalidade" (Zornig, 2010, p. 457). Houzel destaca dois aspectos acerca dessa experiência: o primeiro deles diz respeito ao desejo dos pais pela criança e à ideia de que a vida recebida deve ser transmitida. O segundo aspecto refere-se ao processo de parentificação, ou seja, das modificações psíquicas que se produzem principalmente na mãe no decorrer da gravidez e do pós-parto.

c) A prática da parentalidade: este terceiro eixo diz respeito às tarefas do cuidado, da socialização e da educação. Para Houzel (2004), a prática da parentalidade engloba o campo das interações afetivas – envolvendo a afetividade da criança e seu parceiro parental – e interações fantasmáticas, compreendendo o aspecto não visível e não consciente da interação.

A essas duas interações, eu acrescentaria ainda uma dimensão corporal, englobando não só os cuidados físicos com o corpo do bebê, mas sobretudo todas as interações corporais entre o *infans* e seu cuidador, pautadas pelo ritmo da dupla. Penso que essas interações corporais iniciais entre a dupla formam um eixo fundamental para o desenvolvimento da subjetividade e para a constituição do psiquismo. Nesse sentido, recorro às observações descritas na primeira parte deste livro e aponto para aquelas agrupadas no que chamei de eixo corporal. Por meio delas, vemos como o corpo ocupa um papel de protagonista nas relações primárias e na construção do vínculo.

Mas voltemos às contribuições de Houzel. Na perspectiva do autor, esses três eixos devem articular-se entre si, evitando assim que um seja privilegiado em detrimento de outro. O respeito às exigências impostas por cada um desses eixos implica considerar ao mesmo tempo a situação real da criança, a realidade psíquica de cada um dos parceiros da constelação familiar e a dimensão simbólica da parentalidade e da filiação (Houzel, 2004).

Nessa mesma direção, Moro (2005) afirma que a parentalidade é construída por ingredientes complexos. A autora destaca características coletivas, que fazem parte da sociedade e são marcadas pelo tempo, ou seja, são atravessadas pela cultura e pela história. Igualmente, elementos sociais e culturais exercem também uma função preventiva, na medida em que permitem antecipar o modo de tornar-se pais. A autora reforça ainda que características individuais do casal parental fazem parte do processo de construção da parentalidade. Nessa medida, no momento de tornar-se pai e mãe, a história de cada um deles vem à tona, incluindo traumas infantis, histórias familiares e representações parentais.

Lebovici e a árvore da vida

O conceito de árvore da vida foi inspirado na ideia de árvore genealógica comumente utilizada para rastrear a ascendência biológica e familiar. O termo foi retomado por Serge Lebovici (Lebovici, Solis-Poton & Barriguete, 2004), que reforçou seu aspecto metaforizante. A metáfora diz respeito à transmissão de aspectos conscientes e inconscientes do psiquismo dos pais que se faz através de gerações, levando à ideia de que todo ser humano carrega consigo uma herança psíquica. Em outras palavras, trata-se da bagagem que os pais trazem e que influencia o duplo processo de filiação e parentalização. Para ilustrar o conceito, aponto para as receitas de família usadas por Helena ao longo das tardes na cozinha em companhia do filho.[1] Por meio delas, podemos notar como a cultura culinária foi transmitida por gerações e funcionou como elemento importante na construção do vínculo mãe-bebê.

Lebovici, Solis-Ponton e Barriguete (2004) lembram que tal transmissão pode ocorrer em dois níveis: o intergeracional, ou seja, aquela transmissão que passa dos pais aos filhos, e o transgeracional, a que é feita dos avós aos netos. Esta última, segundo os autores, é particularmente importante, pois pode ser realizada mediante um "mandato transgeracional" que bloqueia o desenvolvimento da criança. Moro (2005) resgata as palavras de Lebovici:

---

1 Ver Capítulo 1.

> *Cada um de nós é portador de um mandato transgeracional: podemos dizer que nossa "árvore da vida" mergulha suas raízes na terra molhada pelo sangue que os ferimentos provocados pelos conflitos infantis de nossos pais fizeram correr. Entretanto, essas raízes podem deixar a árvore da vida desabrochar quando elas não estão escondidas nas profundezas da terra e, portanto, inacessíveis. (Moro, 2005, p. 263)*

Na perspectiva de Lebovici, a árvore da vida da criança, ou seja, o mandato que lhe é atribuído na transmissão transgeracional, faz entrar na vida psíquica do *infans* a geração de seus avós, por intermédio dos conflitos infantis de seus pais. Contudo, se o peso dessa transmissão for excessivo, a filiação se transforma em uma "patologia do destino" (Coblence, 1997).

Nessa mesma perspectiva, Fraiberg, Adelson e Shapiro (1974/2015) recorrem à metáfora de fantasmas no quarto do bebê, que trazem consigo a repetição de um passado no presente. A metáfora diz respeito a visitantes de uma história esquecida dos pais, hóspedes não convidados para o batismo. Em condições normais, esses fantasmas são banidos do quarto e voltam para suas moradas subterrâneas. As autoras reforçam, contudo, que alguns fantasmas conseguem invadir o quarto do bebê com tamanha insistência que acabam por reivindicar seus direitos acima dos direitos dos próprios bebês.

Sobre a maternalidade

Ao pensarmos sobre as adaptações e reorganizações psíquicas específicas da mulher na passagem para a maternidade, não seria arriscado afirmar que ela tem à sua frente um longo percurso, recheado de transformações físicas e emocionais. Da mesma forma, não seria ousado dizer que a futura mãe deverá reorganizar seus investimentos emocionais para abrir um lugar para o futuro bebê.

A noção de maternalidade, como vimos no início deste capítulo, foi proposta por P. C. Racamier em 1961 para descrever essas mudanças psicoafetivas na mulher durante a maternidade. Ele usou o termo "maternalidade" para discorrer sobre o estado particular da mulher grávida, compreendido como uma crise de identidade, aproximando tal estado a algumas modalidades psicóticas de pacientes psiquiátricos que acompanhava (Aragão, 2016).

Apresento, a seguir, dois autores que dirigiram seu olhar a esse período único e particular da mulher.

Winnicott e a preocupação materna primária

O pediatra e psicanalista inglês Donald Woods Winnicott contribuiu de forma significativa para a compreensão das relações precoces do bebê com sua mãe, e com o estado singular pelo qual a mulher passa por ocasião do nascimento de seus filhos. A esse estado Winnicott chamou preocupação materna primária (Winnicott, 1956/1993a).

Típico do final da gravidez e pós-parto, esse estado é caracterizado por uma sensibilidade aumentada e pela identificação consciente e inconsciente que a mãe faz com o bebê. Nas palavras do autor:

> *Este estado organizado (que, não fosse pela gravidez seria uma doença), poderia ser comparado a um estado retraído, ou a um estado dissociado ou uma fuga, ou mesmo a uma perturbação a um nível mais profundo, tal como um episódio esquizoide, no qual algum aspecto*

> *da personalidade assume temporariamente o controle.*
> *(Winnicott, 1956/1993a, p. 494)*

O psicanalista afirma que ao longo da gravidez[2] a mãe desenvolve progressivamente sua capacidade de identificação com o bebê, o que lhe permitirá sentir-se no lugar do filho e, desse modo, responder às suas necessidades (Winnicott, 1956/1993a).

Para o autor, é exatamente pelo fato de a mãe poder colocar-se no lugar de seu bebê e identificar-se com ele que o *infans* se desenvolverá de forma harmoniosa, sem ser excessivamente privado ou invadido, ou seja, sem interrupções bruscas. Em outras palavras, a adaptação suficientemente boa da mãe às necessidades[3] do filho permitirá que ele possa apenas "continuar a ser". Nesse sentido, aponto para as primeiras observações de Helena e Pedro, ilustrando as sucessivas tentativas de fazer o filho dormir. Penso que Helena reconheceu e foi ao encontro das necessidades do filho sem que houvesse rupturas no seu "continuar sendo". Contudo, nem sempre se passa dessa forma. Se a mãe não conseguir entrar nesse estado, a carência de sua provisão poderá levar o *infans* a reações contra as supostas invasões ou ausências excessivas, fragmentando ou mesmo interrompendo a "continuidade de ser". Winnicott (1956/1993a)

---

2 Aragão reforça a importância do período gestacional para o psiquismo da futura mãe. Em sua dissertação de mestrado (2007), sugere que "tanto quanto seu bebê, a mãe também precisa de tempo de gestação para, no seu tempo psíquico, constituir-se como mãe". A autora complementa, ainda, que "esse período seria necessário para possibilitar o esboço da criação de um estado psíquico materno constitutivo de um suporte no qual o bebê possa advir como um ser subjetivado e não como um ser biológico somente" (Aragão, 2007, p. 37).

3 Winnicott reitera que, inicialmente, trata-se de necessidades corporais que, a partir da elaboração imaginativa da experiência física, vão se tornar necessidades do ego (Winnicott, 1956/1993a, p. 496).

reforça ainda que a incapacidade materna de se adaptar na fase mais inicial não produz mais que uma aniquilação do *self* do bebê.

Igualmente, essa mãe "suficientemente boa" não apenas cria um ambiente facilitador: ela é o próprio ambiente. Para que ela possa exercer a contento essa função, precisa sentir-se protegida e inserida em um ambiente facilitador. Precisa encontrar em seu meio o respaldo e a segurança necessários para cuidar de seu bebê. A presença de uma rede de apoio constitui-se em um grande facilitador e é de extrema importância nesse processo (Winnicott, 1956/1993a).

Stern e a constelação da maternidade

O psiquiatra e psicanalista Daniel Stern se dedicou a estudar o mundo representacional dos pais e o papel que este desempenha nas psicoterapias pais/bebês. Em seu livro *A constelação da maternidade*, o autor ressalta o grande valor atribuído ao papel maternal. Stern (1997b) aponta para o fato de que, na cultura ocidental, as mulheres são comumente avaliadas por sua participação nesse papel e reforça que cabe a elas a responsabilidade pelos cuidados com seu bebê, ou seja, prover suas necessidades e mantê-lo vivo, mesmo que tais cuidados sejam delegados a outras pessoas.

O psicanalista sugere que, com o nascimento do seu filho, especialmente o primeiro, a mulher entra em uma organização psíquica específica, a qual denominou constelação da maternidade (Stern, 1997b). Segundo o autor, essa nova configuração é temporária e sua duração variável, podendo prolongar-se por meses ou anos. Contudo, durante esse período, ela se torna o eixo organizador dominante para a vida psíquica da mulher e deixa em segundo plano organizações nucleares anteriores, como o complexo edípico.

Para Stern (1997a), após o nascimento do bebê, a recém-mãe vivencia um profundo realinhamento de interesses e preocupações: ela passa a relacionar-se mais com a sua mãe do que com seu pai, e, nesse sentido, mais com a sua mãe-como-mãe e menos com a sua mãe-como-mulher; da mesma forma, mais com o seu-marido-como-pai-e-contexto-para-ela-e-bebê e menos com o seu marido-como-homem-e-parceiro-sexual; e, principalmente, mais com o bebê e menos com quase tudo. Assim, uma nova tríade – mãe da mãe-mãe/bebê – inaugura-se como eixo organizativo (Ribeiro et al., 2017).

Junto a essa nova organização surge, no psiquismo da mãe, uma série de dúvidas, conflitos e questões que Stern (1997a) dividiu em quatro temas relacionados. O primeiro deles diz respeito à vida e crescimento do bebê: a mãe será capaz de mantê-lo vivo? Conseguirá fazer com que ele cresça e se desenvolva fisicamente? Será capaz de alimentá-lo e hidratá-lo adequadamente? Stern nomeou esse tema de "vida-crescimento". Tais questionamentos geram o medo de que o bebê morra, de que ele não coma e definhe, ou até mesmo de que ele caia, em função da baixa capacidade que ela, como mãe, tem de protegê-lo. No período da gestação, os medos levam a ideias de malformações ou até mesmo de morte prematura.

O segundo tema refere-se ao envolvimento socioemocional da mãe com seu bebê. Ela será capaz de amá-lo? Poderá sentir que o bebê a ama? Poderá reconhecer e acreditar que ele é realmente seu bebê? Conseguirá entrar no estado de preocupação materna primária (Winnicott, 1957/1990d) e desenvolver uma sensibilidade aumentada que possa levá-la a reconhecer e melhor responder às necessidades de seu filho? Conseguirá brincar de forma autêntica com ele? A esse tema Stern deu o nome de "relacionar-se primário". Nele estão incluídas as formas de relacionamento que ocupam aproximadamente o primeiro ano de vida do bebê e estabelecem alguns dos elementos principais do relacionar-se primário que precisam estar bem estabelecidos antes que o bebê precise ser socializado além da díade mãe/bebê (Stern, 1997a).

O terceiro tema diz respeito à necessidade de a mãe criar, permitir, aceitar e regular uma rede de apoio protetora para alcançar bons resultados nas suas duas primeiras tarefas: a de manter o bebê vivo e a de promover seu desenvolvimento psíquico. Essa matriz de apoio surge por meio de suas figuras de referência – companheiro, mãe, parentes, vizinhos – e constitui uma rede maternal, cuja função é protegê-la fisicamente, prover suas necessidades vitais e afastá-la da realidade externa para que ela possa se ocupar de seu bebê. Este tema foi batizado por Stern (1997a) como "matriz de apoio". Nessa matriz, a mãe da mãe – ou as figuras maternas da mãe – ocupa um lugar de destaque, uma vez que carrega consigo a experiência de maternagem, com seus modelos positivos e negativos.

Já o quarto tema está relacionado à reorganização da identidade da mãe, que deverá mudar seu centro de identidade de filha da mãe para mãe do filho, de esposa para progenitora, de profissional para mãe de família e de uma geração para a precedente (Stern, 1997a). A nova identidade de mãe irá exigir um trabalho mental adicional e, com ele, a busca por modelos que possam orientá-la nesse processo. A história de suas identificações com a própria mãe e com outras figuras maternais será revivida e o processo de transmissão intergeracional assumirá o controle. Stern reforça que o foco e a preocupação com outras figuras maternas em sua vida serão provavelmente intensos. Segundo o autor, a simples presença do bebê suscita sentimentos e memórias de experiências que ela, agora como mãe, vivenciou diretamente como bebê enquanto interagia com sua mãe. Esse eixo foi chamado por Stern (1997a) de "reorganização da identidade".

Para além dos quatro temas aqui descritos, a constelação da maternidade refere-se ainda a três preocupações e discursos diferentes, relacionando experiências internas e externas da recém-mãe.

O primeiro refere-se ao discurso da mãe com sua própria mãe, especialmente com sua mãe-como-mãe-para-ela-quando-criança.

Um discurso que traz consigo memórias e lembranças dos cuidados e da relação com sua mãe. O segundo trata do discurso consigo mesma, especialmente ela-mesma-como-mãe. Traz consigo todos os seus projetos, suas incertezas e suas inquietações no desempenho de suas funções maternas. O terceiro discurso diz respeito àquele da mãe com seu filho, ou seja, de conversas com seu bebê que surgem das vivências ocorridas desde o período pré-natal. Ao refletir sobre as contribuições de Stern, lembro-me dos e-mails que Helena mandava para o filho quando ainda estava grávida, registrando o que acontecia com ele e com ela.[4] Penso que já conversava com Pedro antes mesmo de ele nascer.

Stern (1997a) reforça que esta trilogia da maternidade – o discurso da mãe com sua própria mãe, o discurso consigo mesma e o discurso com o filho – passa a ser a principal preocupação da mulher, na medida em que requer a maior quantidade de trabalho e reelaboração mental.

---

4   Ver Capítulo 1.

4. O ritmo e o processo de subjetivação

Porque ao princípio é o ritmo; um ritmo surdo, espesso, do coração ou do cosmos – quem sabe onde um começa e o outro acaba? Desprendidas de não sei que limbo, as primeiras sílabas surgem, trêmulas, inseguras, tateando no escuro, como procurando um ténue, difícil amanhecer. Uma palavra de súbito brilha, e outra, e outra ainda. Como se umas às outras se chamassem, começam a aproximar-se, dóceis; o ritmo é o seu leito; ali se fundem num encontro nupcial, ou mal se tocam na troca de uma breve confidência, quando não se repelem, crispadas de ódio ou aversão, para regressarem à noite mais opaca.

(Eugênio de Andrade, *O ato de criação é de natureza obscura*)[1]

As palavras do poeta português Eugênio de Andrade foram proferidas pelo psicanalista Victor Guerra em uma conferência em Córdoba no ano de 2015. Seu intuito, ao expô-las, era o de traçar um paralelo

---

1 Citado por Guerra (2015a).

104 O RITMO E O PROCESSO DE SUBJETIVAÇÃO

entre o processo criativo de um poeta com os primórdios da vida psíquica e, assim, introduzir o ritmo em uma perspectiva psicanalítica. Referindo-se ao processo criativo, Guerra – com as palavras de Andrade – aponta para o nascimento da escrita mediante um ritmo de base, que provém de dentro para fora, sem dar importância à sua origem. Na leitura do psicanalista, as sílabas se buscam, se encontram e se fundem em um encontro nupcial. O ritmo seria "o leito" por onde percorreriam até formarem palavras, sentenças, poemas.

Guerra (2015a) indaga: não seria esse também o processo de nascimento da vida psíquica? Um processo de busca mútua, de encontros e desencontros entre a mãe e seu bebê? Um processo de aproximações e afastamentos, muitas vezes recheado de amor, ou, em tantas outras, de ódio ou aversão, como diz o poeta?

Neste capítulo, pretendo articular contribuições de autores que se dedicaram a estudar o papel do ritmo no processo de subjetivação e na construção do vínculo mãe-bebê. Começo pela etimologia da palavra ritmo. Sua origem é grega (*rythmós*), e designa um movimento repetitivo. O uso do termo se popularizou a partir do século XVI e hoje é definido pelo dicionário Larousse (2004) como: "1. Retorno, a intervalos de tempo regulares, de um fato, de um fenômeno. 2. Elemento temporal da música, constituído pela sucessão e pela relação de valores de duração. 3. Sequência regular de movimentos, fenômenos etc. que se repetem periodicamente; cadência. 4. Série de fenômenos biológicos que ocorrem com periodicidade, a intervalos regulares".

Traçando um paralelo entre essas definições e os primórdios do desenvolvimento, poderíamos pensar em um ritmo biológico do bebê, uma vez que funções como fome e digestão, sono e vigília, atenção e distração variam ao longo do dia. Poderíamos pensar no ritmo dos cuidados com o bebê, como banho, troca, alimentação. Ou mesmo na variação entre excitação e relaxamento do *infans*. Poderíamos pensar no ritmo da fala da mãe com seu bebê. Na alternância de sua presença e ausência. Com efeito, na perspectiva psicanalítica, todos os pontos de contato – e de não contato – entre a mãe e seu bebê podem ser associados ao ritmo de cada um – e da dupla – e são de fundamental importância para a formação do vínculo e para a constituição psíquica do *infans*.

Victor Guerra foi um dos psicanalistas que mais sublinharam a importância do ritmo no processo de subjetivação do bebê. Em seu texto "O ritmo na vida psíquica: diálogos entre psicanálise e arte" (2017c), apresentou a seguinte definição para o termo ritmo: "A repetição de uma experiência a intervalos regulares que permite organizar uma experiência e oferecer uma vivência de continuidade, mas com a integração progressiva de descontinuidade, do inesperado" (p. 44).

O psicanalista acreditava que as psicopatologias graves encontrariam suas origens no descompasso das primeiras experiências rítmicas entre o bebê e sua mãe (Guerra, 2013). Elementos rítmicos como o encontro de olhares, o movimento do corpo e a melodia da voz, segundo o autor, pautam sensivelmente o encontro e o desencontro entre a díade. Guerra (2013) reforça ainda que, ao entrar em contato com um bebê nos estágios iniciais de subjetivação, a relação que se estabelece entre o adulto e o *infans* será caracterizada principalmente pela emergência de elementos rítmicos.

Alguns autores, porém, se arriscaram a explorar o ritmo ainda na vida intrauterina. É o caso de Régine Prat (2008 como citado em Pereira da Silva, 2022). A psicanalista francesa apontou para aqueles momentos em que a mãe, ao colocar a mão sobre sua barriga e exercer uma leve pressão rítmica, provoca um movimento e um deslocamento do bebê, que vem encostar a cabeça em sua mão e passa, a partir daí, a acompanhá-la em novos movimentos. Ela chama atenção para uma possível alternância binária entre contato e perda de contato antes mesmo do nascimento. Para a autora, trata-se de uma experiência rítmica e de um possível diálogo entre mãe e filho.

Albert Ciccone (2007) também aponta para uma ritmicidade constitutiva no nível de experiências perceptivas e emocionais já presentes no feto. O autor cita os trabalhos de MacFarlane (1977) e Lecanuet (1997), que, com gravações sonoras intrauterinas, puderam perceber que o feto se banha em um ambiente de sons rítmicos e estridentes, pontuados por ruídos produzidos pelo ar que atravessa o intestino da mãe e pelo atrito associado a seus movimentos. Esse ruído pulsante corresponderia exatamente ao ritmo cardíaco da mãe.

Ciccone (2007) chama atenção para o fato de que com 24 ou 25 semanas de gestação o aparelho auditivo do bebê já está funcionando. Trabalhos sobre competências sensoriais e perceptivas do feto (Mehler et al., 1978; De Casper et al., 1980, 1986, 1994; Lecanuet et al., 1989, 1995; Busnel et al., 1989; Busnel, 1997, citados por Ciccone, 2007), segundo o autor, revelam a capacidade de discriminação auditiva – principalmente a voz materna – e a capacidade de reconhecimento e memorização de sequências acústicas. Assim, o feto seria capaz de reagir diferentemente a uma música constantemente repetida em seu ambiente a uma peça de música nova.

O psicanalista francês refere-se ainda a Suzanne Maiello (2000 como citado em Ciccone, 2007), que usou o termo "audiograma"[2] para descrever esses primeiros traços sonoros e rítmicos intrau-terinos. Eles representariam as experiências mais primitivas de descontinuidade, de quebra de tempo, mas também de medida de tempo. O autor reforça que experiências da psicologia experimental relatadas por Maiello puseram em evidência uma reminiscência desses ruídos rítmicos no bebê. Segundo Ciccone (2018), pode-se considerar que, "quando está angustiado e inseguro, o bebê buscará os traços da atmosfera rítmica intrauterina" (p. 21).

---

2   O termo "audiograma", usado por Maiello (2000 como citado em Ciccone, 2007), corresponderia à expressão "ideograma", utilizada por Bion (1957 como citado em Ciccone, 2007) para se referir à dimensão visual.

Ademais, as conexões entre os ritmos percebidos pelo feto e os ritmos das interações com a mãe/ou cuidador primário, logo após o nascimento, permitem compreender as bases iniciais das interações primárias, que servirão ao bebê como referências constitutivas em seu processo de integração das experiências sensoriais e relacionais (Aragão, 2018). Vale lembrar aqui a clássica frase de Freud em "Inibição, sintoma e angústia" (1926/1969, p. 138): "Há muito mais continuidade entre a vida intrauterina e a primeira infância do que a impressionante cesura do ato do nascimento poderia nos fazer acreditar".

Permito-me, a partir deste ponto, seguir uma breve linha cronológica do desenvolvimento para pensar no papel do ritmo como mediador da relação mãe-bebê. Uso esse recurso apenas como forma didática para construir meu raciocínio. Assim, sigo para a experiência do nascimento, e me arrisco a pensá-la também como uma vivência rítmica. Afinal, as contrações e o ritmo crescente de expulsão poderiam ser, em última instância, um diálogo entre dois corpos em movimento.

E então o bebê nasce e, a partir daí, é inundado por novas sensações: luz, sons, frio, calor, fome, sono e cólica, entre tantos outros. As experiências do mundo extrauterino o confrontam constantemente com rupturas e descontinuidades, com momentos de presença e ausência do objeto.

O ritmo é um dos primeiros organizadores desses fluxos sensoriais e pulsionais. Ele organiza a separação e a fratura que ela produz. O ritmo introduz alguma ordem no tempo e no espaço e ajuda a integrá-los.

Albert Ciccone (2007) refere-se a três tipos de experiências rítmicas nesses primeiros estágios do desenvolvimento: presença e ausência do objeto, trocas interativas e intersubjetivas, e alternância entre abertura objetal e retirada narcísica. Tomo a liberdade de explorar mais profundamente cada um deles.

O ritmo na presença e ausência de objeto

Em sua tese de doutorado, Regina Orth Aragão (2016) considera que a continuidade do psiquismo se funda sobre um ritmo que envolve alternância entre presença/ausência, sobre um fundo de permanência do objeto. A autora reforça que a simbolização nasce da ausência, mas que o papel do objeto em sua presença é fundamental para que o processo de simbolização possa se iniciar. Assim, apesar de as ausências serem inevitáveis, é preciso harmonizá-las com a presença para permitir ao bebê manter o objeto vivo em seu interior.

Winnicott (1971/2019b) já apontava para a importância do fator temporal na relação presença/ausência do objeto. Nas palavras do autor:

> *A sensação da existência materna dura x minutos. Se a mãe está longe há mais de x minutos, então a imago se desvanece e, com ela, cessa a capacidade do bebê de usar o símbolo de união. O bebê fica angustiado, mas essa angústia logo é reparada, já que a mãe retorna em x + y minutos. Em x + y minutos, o bebê não sofreu alteração. Mas em x + y + z minutos, ele fica traumatizado. Em x + y + z, o retorno da mãe não repara o estado alterado do bebê. (Winnicott, 1971/2019b, p. 157)*

A ideia de três tempos da experiência subjetiva proposto por Winnicott foi retomada por Roussillon (2012b), que sublinhou o risco de um traumatismo precoce. Para o psicanalista francês, no primeiro tempo (x), o aparelho psíquico estaria sendo ameaçado por um afluxo de excitações capaz de provocar um transbordamento, seja pela imaturidade de seus meios, seja mesmo pela intensidade das quantidades envolvidas. A característica fundamental do tempo x, segundo o autor, seria o fato de os recursos internos do *infans* se esgotarem e fracassarem. Esse fracasso então levaria ao tempo seguinte: x + y. O psicanalista reforça que se a partir desse momento o objeto não se apresentar, ou se a resposta que ele fornecer à necessidade e ao desamparo do bebê for muito insatisfatória, ou então se o preço a pagar pela obtenção de um recurso dele exceder as capacidades do *infans*, o estado de falta se degrada sob o efeito de raiva onipotente que ele mobiliza. Passa-se então para o tempo x + y + z.

Ciccone (2007), por sua vez, ilustra a ideia de variação de tempo apontando para uma outra figuração. O autor destaca a correspondência entre o tempo de um bebê e o tempo de um adulto e, ao aplicar uma simples regra de proporcionalidade, constata que a jornada de 8 horas em um berçário para um bebê de 3 meses corresponderia a 44 dias para um adulto de 30 anos, ou 60 dias para um adulto de 40 anos. Ciccone (2015) considera ainda que, em muitos casos, a ausência não é vivida como ausência: a ausência se transforma em vazio. Nesse sentido, o bebê não se defronta mais com a necessidade de transformar a ausência, mas de administrar o vazio. Assim, é possível pensar que há um período para além do qual o objeto não sobrevive mais no espaço psíquico do bebê, tornando inevitáveis o colapso e o desespero absoluto (Ciccone, 2018). O autor reforça a importância de uma ritmicidade na alternância entre presença e ausência do objeto, para permitir ao bebê a introjeção de um objeto bom e a manutenção do objeto vivo dentro de si.

Assim, a promessa de reencontro torna-se fundamental. Um reencontro que possa ocorrer de forma rítmica para garantir a continuidade. Ciccone (2007) apresenta um exemplo cotidiano para exemplificar sua proposta: um bebê de 8 ou 9 meses tenta simbolizar a partida repentina e imprevisível de sua mãe, seguindo seus movimentos com os olhos. Quando ela sai da sala, ele bate de leve várias vezes dois brinquedos que tem na mão – um contra o outro – como se tentasse experimentar o controle de junção e separação dos objetos, simbolizando o contato e o não contato com a mãe que aparece e desaparece. Por uma observação ainda mais minuciosa, continua Ciccone (2007), notar-se-á que o bebê balbucia, fingindo contar uma história com os brinquedos que ele entrechoca e manipula. Com efeito, é possível pensar nesse caso como um exemplo de trabalho psíquico que o bebê precisa realizar para lidar com a ausência e limitar suas vivências de separação e descontinuidade.

Por outro lado, a presença excessiva do objeto pode acarretar um empobrecimento do *self* e alterações no desenvolvimento simbólico. Tabbia (2008, p. 4) reforça que os limites e a distância são condições fundamentais para a construção de um relacionamento íntimo. Para se relacionar, reforça o autor, é preciso achar a distância adequada, de forma que não aconteça a fusão dissolvente pelo excesso de proximidade, nem um congelamento no isolamento, pelo excesso de distância.

Meltzer (1971b) aponta também para essa direção. O autor associa a palavra "intimidade" à distância social. Nesse sentido, os limites seriam o isolamento, por um lado, e a fusão, por outro.

Fazendo uma analogia à geografia terrestre, o autor se refere a uma "contiguidade geográfica" (Meltzer, 1971a, p. 263), sugerindo que a organização de fronteiras e de portas de acesso teria importantes consequências na realidade psíquica do sujeito. Se o espaço de intimidade não for respeitado, ou seja, se os limites forem transgredidos, instaura-se a confusão, e os processos de separação e individuação ficam comprometidos.

Assim, podemos pensar que a construção do vínculo entre mãe/pai-bebê se desenvolve em torno de uma dialética composta de aproximações e afastamentos, harmonias e desarmonias, pautada por um ritmo único e singular de cada dupla.

O ritmo nas trocas interativas e intersubjetivas

Quando começam as interações entre a mãe e seu bebê? De que maneira é feito o contato? Essas primeiras interações partem do bebê ou da mãe?

Ao estudar os primórdios do desenvolvimento, Winnicott (1988/1990c) propôs algumas reflexões. Partindo do pressuposto de que a saúde representa a possibilidade de ser, o autor recorre à analogia de uma bolha para melhor ilustrar as primeiras interações e explica que, quando a pressão externa está adaptada à pressão interna, a bolha pode seguir existindo. Se, por outro lado, a pressão exterior for maior ou menor que a interior, a bolha passará a reagir à intrusão. Seguindo a analogia, o psicanalista reforça que a bolha se modifica como uma reação a uma mudança do ambiente, e não a partir de um impulso próprio. Assim, se a adaptação ativa do ambiente for saudável, o movimento do próprio bebê (até mesmo o movimento real da espinha ou da perna do bebê no interior do útero) irá descobrir o ambiente. Segundo Winnicott, se essa dinâmica se repetir, vai se tornar um padrão de relacionamento. Contudo, a falha na adaptação ambiental pode levar a um retraimento, ativando uma possível organização defensiva como repúdio à invasão ambiental (Winnicott, 1988/1990c).

Mas como o ritmo faria parte dessas primeiras interações?

Ciccone (2007) aponta para dois elementos fundamentais em relação ao ritmo:

a. Um elemento de repetição, de retorno ao idêntico.

b. Um elemento de organização singular da temporalidade. Nesse sentido, o ritmo seria uma estrutura composta de uma sequência e um andamento próprios.

No campo das interações entre mãe-bebê, esses dois elementos rítmicos tornam-se fundamentais na medida em que, por meio da repetição e da ritmicidade das experiências, o bebê poderá organizá-las num eixo temporal e fazer a ligação entre os diferentes aglomerados de experiências (Aragão, 2018).

Daniel Marcelli (2007) aponta para o risco de o ritmo ser tomado apenas como uma repetição e cadência. Para o autor, ritmo é essencialmente um aglutinante. Em suas palavras:

> *O ritmo conecta o que é registro de continuidade de um lado e o que é registro de ruptura e corte do outro. No momento do intervalo, o ritmo conecta a continuidade do antes e depois. E no momento da continuidade, o ritmo também está no espaço do antes e do depois. (Marcelli, 2007, p. 124)*

A temporalidade é composta não apenas por repetições, mas também por surpresas, por cadências e rupturas de cadências. Assim, o ritmo é aquele que liga e conecta ao longo do tempo a continuidade e a ruptura. Marcelli (2007) reforça que os bebês são extremamente sensíveis ao ritmo, e tanto as repetições monótonas quanto as mudanças bruscas não lhe fazem bem.

Para abordar a necessidade de repetição, por um lado, e de surpresas e novidades, por outro, Marcelli propôs a distinção daquilo que chamou de macrorritmos e microrritmos.

As interações relacionadas aos cuidados maternais como as refeições, as trocas, o banho e o deitar-se Marcelli chamou de macrorritmos. Essas interações cotidianas, segundo o autor, permitem ao bebê desenvolver antecipações que se confirmam na rotina diária. Ligam-se aqui a satisfação das necessidades primárias e o apaziguamento dado pela previsibilidade dos atos. Segundo Aragão (2018), esse é um tempo repetitivo e circular em torno do qual se desenvolvem as interações de cuidados, e a continuidade narcísica do bebê se apoia sobre a confirmação e a satisfação de suas expectativas.

Marcelli (2007) chama de "índices de qualidade" os sinais da mãe que permitem ao bebê antecipar uma atividade. Seriam exemplos de "índices de qualidade" o ato de tirar o bebê do berço, colocá-lo no trocador, segurá-lo nos braços. Tais índices criam a expectativa do que está por vir. Assim, na medida em que essas expectativas são confirmadas, o bebê passa a ter a sensação de que é ele próprio o criador de seu ambiente, provendo um sentimento de onipotência. Ao refletir sobre a ideia de macrorritmos proposta por Marcelli, lembro-me da rotina de cuidados que pude testemunhar nas observações de Patrícia e Laura – brincar com a mãe, brincar sozinha, comer, lavar-se – e considero quanto ela foi importante para construir uma base de continuidade e segurança para a bebê.

O campo das interações lúdicas, das surpresas e enganos Marcelli (2007) chamou de microrritmos. Fazem parte desse campo os jogos de cócegas, as brincadeiras de esconder, as cantigas e tantos outros elementos que ofereçam momentos de surpresas, provocações e decepções. Nessas brincadeiras incertas e aleatórias, a espera passa a ser emocionante. Essas interações, segundo o autor, são pautadas por mensagens contraditórias entre o tom de voz da mãe e a expressão de seu rosto: quando a voz se torna séria, o rosto sorri; quando o rosto é sério, a voz passa a ser suave; ou quando as palavras são negativas, a prosódia e a entonação são calorosas. Instalam-se aí, sublinha Marcelli (2007), as primeiras lições sobre a ambivalência de qualquer relacionamento humano e sobre a incerteza associada à polissemia de qualquer discurso.

Se nos macrorritmos o bebê investe em "índices de qualidade", nos microrritmos, ao contrário, ele irá investir naquilo que, segundo o autor, os psicólogos do desenvolvimento chamam de "índices de divergência", ou seja, naquilo que é ligeiramente diferente da experiência passada, na incerteza. A observação do pequeno Pedro com seu pai, descrita no Capítulo 2, seção "O eixo lúdico", traduz de forma concreta a ideia de microrritmo proposta por Marcelli. Nela vemos como elementos surpresa foram capazes de quebrar uma expectativa por parte do bebê e abrir espaço para que a espera por uma nova surpresa passasse a ser excitante.

Ciccone (2007) aponta para o fato de que, nos dois casos, o bebê faz um trabalho de comparação: ele nota a diferença entre duas situações separadas por um intervalo de tempo. O autor reforça que o investimento do bebê é direcionado para uma abstração, ou, mais precisamente, para a diferença. Assim, uma vez que o excitante para o psiquismo não é somente a estimulação, mas sim a diferença, "o bebê passa de um investimento sensório-perceptivo para um investimento cognitivo – uma abstração" (Ciccone, 2007, p. 26, minha tradução).

Seria então a combinação desses dois tempos, micro e macrorritmo, a base do ritmo em que o bebê se instala. Uma temporalidade composta pela mistura sutil de repetições e mudanças, entre expectativas confirmadas e equivocadas, constituindo o ritmo idiossincrático individual que fundamenta a subjetividade (Marcelli, 2007).

Ainda em relação às trocas interativas e intersubjetivas, é importante ressaltar o trabalho de Daniel Stern (2002), que descreveu as interações mãe-bebê como uma verdadeira dança. Os acordes, compassos e ajustamentos dentro desta coreografia visam criar um ritmo que possa apoiar o compartilhamento da experiência entre a díade.

Nessa coreografia, contudo, alguns descompassos são inevitáveis e podem até mesmo criar momentos de alegria, brincadeira e novos vínculos. Stern (2002, p. 149) lembra que todos os bebês têm um "repertório" de acidentes comuns que lhes causam algum dano ou desconforto: desequilibrar-se e cair para um dos lados da cadeira, calcular de forma equivocada o trajeto de um objeto até a boca e levá-lo à testa e tantos outros. Essas situações, muitas vezes cômicas, acabam por provocar uma nova conduta da mãe: inspirada pela circunstância engraçada de desconforto do bebê, ela sai de um estado passivo em relação ao filho e torna-se uma parceira social do *infans*. Nesse momento, respondendo a uma mãe agora transformada, o bebê rapidamente se recupera de seu desconforto e os dois compartilham momentos de prazer mútuo e excitação.

Sob essa mesma perspectiva, Ciccone (2007) ressalta que pela microanálise das interações mãe-bebê nos primeiros meses de vida é possível observar que cerca de três quartos das interações são de ajustamento. Seguindo a lógica, afirma o autor, poderíamos dizer que apenas um quarto seriam interações de comunicação. Em outras palavras, poderíamos considerar que a disritmia nesse encontro seria normal, corroborando a ideia de Hamilton (1987), destacada na Introdução deste livro, de que os primeiros três meses de vida se caracterizam por uma busca mútua de harmonia.

O ritmo na alternância entre abertura objetal e retirada narcísica

Os movimentos de abertura objetal e retirada narcísica são importantes e necessários para a interiorização da experiência. Dessa forma, após um momento de troca e contato com o mundo, o retraimento permite interiorizar e recriar em si a experiência vivida (Ciccone, 2007, 2015; Aragão, 2016). É importante lembrar que nos primeiros meses de vida o bebê passa a maior parte de seu tempo dormindo. O sono possibilita que ele experimente uma atividade psíquica interna, onírica.

Com efeito, o processo de alternância objetal e retirada narcísica ocorre com os ritmos de vigília e sono. Contudo, acontece também nos diferentes momentos de vigília do bebê.

Ciccone (2007) chama atenção para a importância do respeito aos retraimentos do bebê mesmo em momentos de vigília. O autor refere-se aos trabalhos de Stern (1983), que indicavam ser de cinco segundos a duração média de atenção visual mútua de um bebê de 3 a 4 meses, enquanto o tempo da mãe seria de vinte segundos. Considerando essa proporção, poderíamos pensar que é o bebê quem controla a atenção mútua. No entanto, se a mãe buscar o controle dessa interação – por uma dificuldade em viver o retraimento do bebê como uma rejeição a ela mesma – haverá um efeito impetuoso de superexcitação.

Em outro texto, Ciccone (2018) considera o desenvolvimento psíquico não como uma sucessão de estados ou fases do desenvolvimento, mas como uma oscilação rítmica entre diferentes posições – algumas mais objetais e outras mais narcísicas –, uma delas dominante de acordo com a história do desenvolvimento e com o contexto intra e intersubjetivo (Ciccone, 2018, p. 23).

Sobre o papel da mãe – ou do cuidador primário – nos momentos de abertura objetal e retraimento narcísico, Tosta (2019a) aponta para os dois modos de exercício da função materna, referidos por Winnicott em 1963: a mãe-ambiente e a mãe-objeto. Esses modos de cuidado materno, segundo a autora, correspondem respectivamente aos modos tranquilo ou excitado de o bebê estar no mundo desde seu estágio mais primitivo.

Com efeito, no modo tranquilo o bebê permanece em sua quietude de ser e continuidade de existência. Esse estado, reforça Tosta, só é possível na medida em que a mãe exerce a função de mãe-ambiente, oferecendo ao bebê um *holding* existencial. No modo excitado, por sua vez, o bebê é acionado por algum impulso instintual e procura no ambiente um objeto que possa satisfazê-lo. Indo ao encontro das necessidades do filho, a mãe estaria exercendo a função que Winnicott chamou de mãe-objeto. Tosta (2019a) resgata as palavras de Winnicott (1963/1990b): "Nesta linguagem é a mãe-ambiente que recebe tudo que pode ser chamado de afeição e coexistência sensual; é a mãe-objeto que se torna o alvo da experiência baseada na tensão crua do instinto" (p. 72).

Do mesmo modo, poderíamos pensar que uma mãe suficientemente boa seria aquela que se adequaria aos estados de abertura objetal e retraimento narcísico de seu filho, exercendo e intercalando sua função de mãe-ambiente e mãe-objeto.

O ritmo e a lei parental

O psicanalista francês René Roussillon (2005), ao analisar o papel do ritmo na vida psíquica e na obra de Freud, resgata a ideia de "período" e de ritmo biológico. Para o autor, o trauma psicológico e a dor são concebíveis como fracasso de uma situação de socorro e têm a disritmia como sua figura arquetípica. Roussillon refere-se a uma possível lei do ritmo biológico e, em uma nota de rodapé (Roussillon, 2005, p. 432), afirma tratar-se de uma lei materna, ou seja, uma lei do respeito ao próprio ritmo, tão carente nas patologias narcisistas. Guerra (2017a) resgata as palavras de Roussillon:

> É o ritmo próprio da criança, o respeito ao seu tempo, o que vem apoiar essa apropriação egoica. Em um ritmo rápido demais, a criança vai se sentir privada, liquefeita, inconsciente, enfrentando uma angústia de esvaziamento, de evacuação, poderia então transtorná-la sobre si em uma defesa paradoxal, ao invés de reflexioná-la. Em um ritmo lento demais, a experiência perderá seu significado, seu valor e sua vida, e o objeto intermediário se perderá nas brumas do tempo, mobilizando as angústias de perda do objeto e abandono. (Guerra, 2017a, p. 59)

Guerra (2015b), dando sequência à teoria do psicanalista francês, aportou três novos elementos e a rebatizou de lei materna do encontro. Para o autor, a lei materna do encontro é um princípio organizador da vida afetiva com o bebê como sujeito incipiente (Guerra, 2017b).

O primeiro elemento apresentado por Guerra se refere à ideia da criação conjunta de um ritmo, compondo as situações de encontros e desencontros da díade pautados pelos momentos lúdicos e pela rotina, conforme vimos nos macrorritmos e microrritmos.

O segundo se refere ao que o autor chama de "espelhamento, tradução e transformação de suas vivências afetivas". Como espelhamento, Guerra recorre às contribuições de Winnicott: ao olhar para a mãe, o bebê vê um reflexo de si mesmo. Como tradução, reforça a necessidade de dar sentido aos gestos corporais do bebê. Para o psicanalista, a mãe, ao encontrar-se com o bebê, tem a necessidade de construir uma língua própria, exclusiva, que depois deve abrir aos outros e abandonar (Guerra, 2015b).

O último elemento da lei materna do encontro é a abertura à palavra, ao brincar e ao terceiro. Esse terceiro, de acordo com Guerra, não é apenas aquele atravessado pela castração, mas também o que permite à mãe perceber sua incompletude. O jogo cumpre um papel especial nesse sentido, na medida em que anuncia a chegada de um terceiro na relação mãe-bebê. Com a entrada desse terceiro, o bebê passa a alternar momentos de atenção à mãe e ao jogo. A mãe, por sua vez, transmite ao bebê que ela já não é tudo para ele e que há um horizonte libidinal maior que seu corpo e sua presença (Guerra, 2015b).

E como pensar o papel do pai nas interações precoces com o bebê? Lebovici (1987) sustenta que há diversas maneiras de abordar a relação pai-bebê. A primeira diz respeito a uma forma direta de relacionar-se, englobando o contato e as trocas entre pai-filho.

A inclusão do pai, reforça o autor, se faz progressivamente, e cabe a ele entrar em contato com seu bebê, procurando embalá-lo, sustentá-lo e contê-lo. Essas experiências de cuidado permitirão ao pai não somente viver em estreita relação com seu bebê, mas também "tornar-se pai" de seu filho.

Ainda em relação a essas primeiras trocas, Lebovici (1987), retomando os estudos de Michäel Yogman (1982), reforça que a interação pai-bebê tem um caráter mais físico, mais estimulante que a relação mãe-bebê – envolvendo jogos físicos como erguer o bebê no ar ou fazê-lo saltar nos joelhos –, conferindo às interações um tônus próprio. Assim, os diferentes elementos rítmicos e motores presentes nas interações com cada um dos pais – pai e mãe – levam o bebê a reconhecer a diferença entre os dois.

Mas há também uma influência indireta que a figura paterna exerce sobre o bebê. Ela se dá pela relação conjugal, ou seja, pelo apoio que o pai oferece à mãe e pela sua capacidade em embalar o par mãe-filho (Barriguete et al., 2014). Outrossim, a presença direta e indireta do pai vai sendo construída progressivamente e, ao mesmo tempo que sustenta a dupla, representa também uma separação do binômio mãe-bebê.

Para Guerra (2017c), a lei materna do encontro e a lei paterna da separação atuam de forma alternada no ritmo singular de cada família e auxiliam o processo de subjetivação do bebê. Ao referir-se à lei paterna, Guerra aponta ainda para uma perspectiva anterior àquela da separação, atribuindo ao pai a sustentação do encontro mãe-bebê. Nas palavras do autor: "A primeira função paterna, o primeiro elemento da função paterna, é que o pai tolere a exclusão desse encontro mãe-bebê e sustente a díade" (Guerra, 2017a, p. 48).

Para reforçar sua perspectiva, o autor nos presenteia com a seguinte frase: "São necessários três, para que dois tenham a sensação de um" (Guerra, 2017c, p. 49). Ele explica: "Esse 'três' precisa tolerar a exclusão temporal para depois transmitir a proibição do incesto e tomar a mãe como objeto de desejo" (p. 49).

O ritmo e o processo de subjetivação

Ao referir-se aos estágios primitivos do desenvolvimento emocional, Winnicott (1952/1993b) afirma que a identificação da mãe com o bebê a torna consciente das necessidades do *infans* "ao ponto de fazê-la fornecer algo mais ou menos no lugar certo e na hora certa" (Winnicott, 1952/1993b, p. 381). Assim, em um contexto saudável, ela vai adequando suas ações ao ritmo próprio do bebê.

Poderíamos pensar na mesma lógica aplicada às trocas lúdicas entre a dupla. Guerra (2017c) lembra que estar presente na hora certa e no lugar certo, ou seja, estar disponível para o *infans*, possibilita ao bebê definir a temporalidade de seu encontro com a mãe.

Mas como se coconstroem as primeiras formas de interação? E como se opera a presença do outro para que o bebê possa tolerar sua ausência por meio de recursos simbólicos? Esses questionamentos levaram Guerra (2014a, 2014b) a elaborar o que chamou de "grade de indicadores de intersubjetividade". Em um vídeo documental (2014b), o autor reforça que essa grade acompanha o bebê no primeiro ano de vida, em seu processo de subjetivação.

A meu ver, a ritmicidade do encontro, os diferentes compassos de olhares e as experiências de mutualidade[3] permearão esse processo e possibilitarão pouco a pouco o processo de integração do *self*.

Apresento, a seguir, os onze elementos que compõem a grade de indicadores de intersubjetividade apresentados por Guerra em seu vídeo documental (2014b) e em posteriores publicações (2014a, 2014c).

---

3 A ideia de mutualidade será explorada no Capítulo 5.

1) Encontro de olhares (0 a 2 meses): um dos primeiros sinais do encontro afetivo entre a dupla (Guerra, 2014a), o encontro de olhares implica uma busca e uma potencial descoberta entre ambos. Ocorre principalmente durante as mamadas, quando o bebê está sendo sustentado e alimentado pela mãe.

2) Protoconversações (2 meses): presentes nos jogos face a face – momento em que a mãe coloca o bebê próximo ao seu rosto – é a experiência pela qual o *infans* e a mãe começam a compartilhar sons e a trocar diferentes formas de comunicação, criando assim a estrutura de um diálogo com ritmo próprio.

3) Imitação: este indicador é baseado no conceito de espelho de D. W. Winnicott (1971/2019d), segundo o qual o bebê reconhece a si mesmo a partir do rosto da mãe. Segundo Guerra (2014a), a imitação é uma das primeiras formas de figuração a partir do rosto do outro como um espelho. No princípio, a experiência é muito rápida e está restrita à gestualidade do rosto, como o abrir e fechar os olhos ou a boca. Mas aos poucos vai se ampliando e dando lugar a gestos mais amplos.

4) Jogos de cosquinhas e de suspense (3 a 5 meses): presentes nas brincadeiras como dança das mãos que envolvem uma gama de elementos rítmicos, os jogos de cosquinhas e de suspense inauguram o papel da surpresa na vida psíquica do bebê (Guerra, 2014a). Ajudam a marcar uma temporalidade, na medida em que se estruturam de forma contínua e previsível, mas que, pela surpresa, inserem também a descontinuidade.

5) Vocativos atencionais (5 a 7 meses): para Guerra (2014b), a atenção pode ser definida como um estado em que a tensão interior é dirigida a um objeto exterior. Por meio de sons vocativos, recheados de emoção e ludicidade, nesta etapa do desenvolvimento a mãe busca captar a atenção do bebê e direcioná-la a algo que esteja para além dela mesma. Segundo

Guerra, por meio dessa experiência lúdica, o bebê começará a explorar visualmente o espaço e outros objetos, como se este fosse um prólogo para o que virá a ser o deslocamento motor.

6) Deslocamento no espaço e olhar referencial (5 a 7 meses): segundo a psicomotricista Claudia Ravera (Guerra, 2014b), o acesso à verticalidade possibilita ao bebê uma nova forma de perceber e interagir com o ambiente à sua volta. O olhar referencial diz respeito à atitude do bebê que procura no rosto de seu cuidador uma expressão que dê sentido à sua experiência emocional. Segundo Guerra (2014b), a importância desse indicador está no fato de o bebê – ao se perceber frente ao novo ou a uma situação de perigo – tomar como referência de segurança o olhar do outro.

7) Atenção conjunta: objeto tutor (6 a 10 meses): ao aproximar-se do oitavo mês, o bebê se mostra mais interessado em interagir com objetos, e demonstra esse interesse por meio da experiência de atenção com a mãe (Guerra, 2014b). A mãe, que se mostra aberta a ele, lhe apresenta objetos que serão testemunho desse encontro. Esses objetos, chamados por Guerra de objetos tutores, promovem codescobertas, impregnados pela história desses encontros, e transmitem continuidade de cuidado (Silva & Mendes de Almeida, 2019b). Guerra reforça que os objetos tutores se diferenciam dos objetos transicionais,[4] na medida em que os primeiros são apresentados pelos pais, enquanto os segundos são escolhidos pelo bebê.

---

4 Winnicott (1971/2019c) introduziu o termo "objetos transicionais" para designar os objetos que inauguram a área intermediária de experiência para o bebê, entre o mundo subjetivo e o compartilhado. O psicanalista exemplifica: "entre o polegar e o ursinho, entre o erotismo oral e a verdadeira relação de objeto, entre a atividade criativa primária e a projeção do que já foi introjetado, entre o desconhecimento primário de dívida e o reconhecimento desta" (p. 15).

8) Jogo de esconde-esconde (8 meses): ao aproximar-se do oitavo mês, o bebê já é capaz de distinguir um rosto estranho de um familiar. Ao deparar-se com uma fisionomia desconhecida, o *infans* expressa sua apreensão mediante manifestações de angústia (Spitz, 1979/2016a). Esse momento, segundo Guerra (2014b), marca um salto qualitativo no desenvolvimento do bebê, que terá de elaborar o temor que sente em perder de vista sua mãe ou cuidador. O jogo de esconde-esconde, por suas características rítmicas e lúdicas, marca a possibilidade de o bebê investir na ausência como algo prazeroso.

9) Sintonia afetiva (9 a 12 meses): Guerra (2014b) define esse indicador como "a realização de comportamentos que expressam a qualidade emocional de um estado afetivo compartilhado" (23min50s). Nesse momento, o bebê faz trocas mais vivas, e o adulto, por sua vez, lhes atribui palavras de maneira a lhes dar sentido. Assim, o bebê irá descobrindo progressivamente que aquilo que sente pode ser expresso por diferentes vias.

10) Interludicidade (8 a 12 meses): este indicador trata do início do brincar de faz de conta. Guerra (2014b) exemplifica esse momento com o "jogo de proibição de deixar cair algo". Com movimentos, palavras, variações de voz e gestos-surpresa, mãe e filho cocriam uma estrutura lúdica que dá suporte ao encontro. Silva e Mendes de Almeida (2019b) reforçam que o faz de conta indica a passagem para o processo de simbolização e o surgimento de um espaço transicional, com ritmo e entusiasmo.

11) Indicação protodeclarativa e narratividade conjunta (12 meses): nesta fase do desenvolvimento, o bebê já está iniciando o caminhar e explorando o espaço à sua volta. A indicação protodeclarativa refere-se a um gesto de comunicação não

verbal que usa o indicador para chamar atenção de outra pessoa para algo que permita o compartilhamento de interesse. Ele marca o desejo de que, juntos, mãe e filho possam descobrir algo. Silva e Mendes de Almeida (2019b) consideram que este índice constitui a base do desejo de conhecer, da curiosidade epistemofílica, com o início da narratividade e da palavra.

Importante ressaltar aqui o papel do ritmo em relação aos indicadores de subjetividade. Guerra (2014b) chama atenção para a importância de três elementos ao longo do processo de subjetivação especialmente no primeiro ano de vida: ritmicidade conjunta, atenção conjunta e narratividade conjunta. Três aspectos que, somados à maleabilidade lúdica,[5] "vão pulsando, entrelaçados, esta dança no processo de subjetivação" (Guerra, 2014b, 37min56s).

---

5 Guerra usa o termo "maleabilidade lúdica" partindo do conceito de "meio ambiente maleável", de M. Milner (1952), citado por ele.

5. Os prelúdios de uma comunicação mãe-bebê

Começo este capítulo transcrevendo um trecho do livro de Carlos Liscano *O furgão dos loucos*, retomado por Victor Guerra (Liscano, 2001 como citado em Guerra, 2017b) em seu texto "Diferentes funções do ritmo na subjetivação e na criação".

> *Uma tarde trazem um companheiro que passou meses em isolamento. Oferecem comida, leitura, o que for.*
>
> *Nada, não está interessado em nada. . . . Começa a escurecer e dois ou três começam tamborilar em uns potes de plástico, em uma caixa.*
>
> *O recém-chegado se junta a eles, ensaia alguns passos de dança.*
>
> *Gritos, aplausos.*
>
> *Continua dançando, mais um instante.*
>
> *E então não para, continua.*
>
> *Move-se, o corpo procura o ritmo, encontra-o.*

> *Abre-se um espaço no meio da cela, pouco a pouco se forma um círculo de homens sentados no chão, em colchões, ao redor daquele que dança.*
>
> *E o recém-chegado dança, dança. Com os olhos fechados dá voltas, levanta os braços, move os quadris, os ombros, requebra o corpo, para, vira no outro sentido.*
>
> *Os músicos estão cansados, entediados, mas a música não pode parar, outros agarram o tambor, o pote de plástico abandonado. A música deve continuar para que esse homem continue voando, viajando, na sua dança, na sua coisa, na sua felicidade. Está feliz, feliz, dá pra perceber no rosto, nos olhos fechados, nas mãos, no corpo liberado. Faz meses que está sozinho, que seu corpo não sente o calor de outro corpo amigo próximo. E dança, o corpo dança, uma hora, uma hora e meia.*
>
> *Não está doente?*
>
> *De qualquer modo, doente e feliz.*
>
> *Quando, finalmente, para, sorri, olha para nós. Começa a falar.*
>
> *Tem alguma coisa para comer?*
>
> *É outra pessoa, já se esqueceu de que nos deixou mais de uma hora esperando, alegres, preocupados. Já visitou o lugar que precisava visitar, quem sabe onde, com quem. Agora é outra pessoa e está aqui. Quer comer. (Guerra, 2017b, pp. 173-174)*

Guerra (2017b) apresenta o trecho não apenas para reforçar o valor do ritmo no encontro humano, mas sobretudo para sublinhar uma narratividade corporal. A experiência descrita no texto acima, segundo o autor, "fala de uma história escrita no corpo, de uma *in-fância* de língua e de uma reatualização de marcas primárias"

(Guerra, 2017b, p. 67). Ao ler essa passagem do livro de Liscano, lembrei-me da cena do filme *O dia em que não nasci*, descrita na Introdução deste livro. Penso que o embalo rítmico da canção de ninar ouvida pela protagonista no aeroporto reavivou registros de sensações auditivas que não haviam alcançado a representação verbal, levando Maria a uma verdadeira comoção emocional.

Assim, poderíamos nos perguntar: quando e como começa a comunicação entre a mãe e seu bebê? E qual o papel do ritmo nesse processo? A reatualização de marcas primárias, descrita por Guerra, poderia dar indícios de que algo muito anterior à aquisição da linguagem verbal teria sido resgatado?

São muitos os estudiosos da psicanálise que se dedicaram a pesquisar sobre os primórdios da comunicação entre a mãe e seu bebê. Procurei organizar este capítulo em dois eixos fundamentais na comunicação. O primeiro trata de uma comunicação silenciosa, pautada principalmente pelas interações corporais. Para ilustrá-lo, percorrerei os conceitos winnicottianos de comunicação silenciosa e mutualidade, e, para sublinhar a sua importância, tratarei do corpo também como um veículo de comunicação, apresentando as contribuições de Bernard Golse. O segundo eixo aborda os recursos acústicos da comunicação expressos por vocalises e suas modulações, como timbre, contornos melódicos, mudanças de intensidade e acentuações. Para explicá-lo, apresentarei as contribuições de Daniel Stern e Colwyn Trevarthen. A separação desses dois eixos é colocada apenas como recurso didático pois, com efeito, todos os elementos que compõem a comunicação entre duas pessoas são intricados e quase indissociáveis.

A comunicação silenciosa e a experiência de mutualidade

Masud Khan (2000) conta que, em 1940, durante um debate na British Psycho-Analytic Society, Winnicott teria surpreendido seus colegas ao dizer: "*Não existe isso que chamam de bebê*. O que quero dizer naturalmente é que sempre que vemos um bebê, vemos também um cuidado materno, e sem o cuidado materno, não haveria bebê" (Khan, 2000, p. 40, grifo do original).

Para o autor, um bebê não pode existir sozinho. Ele é parte de uma relação e não pode ser pensado sem alguém que lhe exerça a função de mãe e sem um ambiente que lhe favoreça o crescimento e amadurecimento.

Ao realçar o lugar da relação mãe-bebê e bebê-mãe como originária do ser humano, Tosta (2019b) considera que Winnicott estaria apresentando uma visão de intersubjetividade fundamental.[1] Para ilustrar seu ponto, a autora (2019b) nos remete a algumas evidências na obra do psicanalista inglês. A primeira se refere ao texto "Os estados iniciais", em *Natureza humana*, quando Winnicott propõe a ideia de que o ser humano se origina num conjunto ambiente-indivíduo, em que o bebê é Um com o entorno. Nesse texto, segundo Tosta (2019b, p. 290), Winnicott salienta a necessidade humana de continuidade do ser e enfatiza que o estado inicial do bebê se assemelha ao de uma bolha,[2] na qual o ser humano *segue existindo* (grifo da autora).

Tosta (2019b) reforça ainda que essa relação primordial é permeada pela corporeidade de cada um dos componentes da dupla. Ela resgata o texto "A experiência mãe-bebê de mutualidade", de 1969, quando Winnicott enfatiza que a primeira comunicação entre

---

1 Para reforçar a ideia de uma intersubjetividade fundamental, Tosta resgata as palavras de Ayouch no texto "Genealogia da intersubjetividade e figurabilidade do afeto: Winnicott e Merleau-Ponty": "O fato de que um bebê não pode existir só, e deve necessariamente fazer parte de uma relação, convoca um relacionamento originário, uma intersubjetividade fundamental, a partir da qual surgem, contemporaneamente, o sujeito e o outro" (Ayouch, 2012, p. 262, como citado em Tosta, 2019b).

2 Ver Capítulo 4, seção "O ritmo nas trocas interativas e intersubjetivas".

o bebê e a mãe se estabelece em termos de anatomia e fisiologia de corpos vivos, incluindo fenômenos como batimentos cardíacos, movimentos da respiração, calor do seio e movimentos que indicam a necessidade de uma mudança de posição (Winnicott, 1969/1994).

Assim, para Winnicott (1969/1994), a mutualidade poderia ser vista como o início dos processos comunicativos entre duas pessoas, uma experiência compartilhada que consiste no reasseguramento de que aquilo que está sendo transmitido por uma conduta corporal também está sendo recebido e correspondido por um gesto simultâneo e similar do outro. A ideia de reciprocidade está implícita no conceito de mutualidade proposto pelo autor. Nesse mesmo texto, Winnicott se refere à situação de um bebê que, instalado para mamar no colo da mãe, olha para seu rosto e levanta a própria mão, como se, ao colocar um dedo na boca da mãe, estivesse também oferecendo-lhe um alimento.[3] Para o autor, a comunicação entre mãe e bebê só poderá existir na medida em que se desenvolva uma alimentação mútua.

Essa comunicação tão primitiva, baseada em um diálogo corporal, atravessa uma linguagem sensível e foi chamada pelo autor de comunicação silenciosa. Para o psicanalista inglês, a comunicação só passa a ser ruidosa quando fracassa. Recorro às palavras do autor: "Há lugar para a ideia de que o relacionamento e a comunicação significativas são silenciosas" (Winnicott, 1963/1990a, p. 168).

Para ilustrar o conceito, Winnicott (1969/1994) nos remete à vivência que teve com uma de suas pacientes ao atravessar momentos que poderiam ser caracterizados como episódios violentos na sessão, os quais acabaram por aproximar analista e paciente fisicamente.

---

3 Winnicott aponta para um bebê de 12 semanas, mas considera também que isso possa ocorrer – de uma forma mais obscura – bem antes disso. O autor considera ainda que alguns bebês observam o rosto da mãe de maneira significativa mesmo nas primeiras semanas.

O psicanalista viu-se então com a cabeça da paciente em suas mãos. Sem intencionalidade de qualquer um dos dois, desenvolveu-se ali um ritmo embalado entre ambos. O ritmo era bastante rápido – cerca de setenta batimentos por minuto (como os batimentos cardíacos) – e o psicanalista confessa ter tido algum trabalho em adaptar-se. Contudo, Winnicott relata que, após terem encontrado um ritmo único, achavam-se os dois em um movimento conjunto de embalo, vivendo uma experiência de mutualidade. Assim, a comunicação entre ambos se dava sem palavras e, sobretudo, sem a exigência de que a paciente tivesse um nível maturacional mais avançado.

A narrativa de Winnicott me remete à cena de Liscano, apresentada no início deste capítulo. Em ambas, vemos um diálogo pontuado apenas pelo ritmo dos corpos, sem qualquer palavra, símbolo ou representação. Com efeito, trata-se de um diálogo acontecendo mediante uma experiência partilhada, vivida de forma rítmica por meio de corpos vivos.

Os movimentos do corpo

Ao pensar sobre o corpo na comunicação mãe-bebê, creio ser necessário considerar a assimetria na relação entre a dupla. Assim, nas próximas linhas, pretendo dar luz aos movimentos do corpo do bebê quando em relação com sua mãe ou cuidador.

Golse e Desjardins (2005) postulam que os movimentos do bebê contam algo de si ao adulto. Os autores referem-se à experiência com crianças do Instituto Pikler Lóksy, em Budapeste, onde um famoso berçário, acolhendo cerca de 5 mil crianças recuperadas da guerra, funcionou entre 1946 e 2011. Os bebês que chegavam à instituição vinham sem qualquer histórico ou informação, ou seja, chegavam sem nome e sem filiação. Golse (2020a) relata que as equipes do berçário desenvolveram uma técnica de cuidados minuciosa: atentavam-se àquilo que os bebês os faziam vivenciar, perceber, ressentir dentro deles próprios. Perceberam então que cada bebê modificava um pouco o estilo interativo dos cuidadores. Alguns os tornavam mais intensos ou mais ternos. Outros os tornavam mais lentos ou mais rápidos. Com alguns bebês os cuidadores tinham mais vontade de falar, ao contrário de outros, com quem permaneciam mais quietos. Os autores reforçam que essa modificação do estilo interativo do adulto provocada pelo comportamento do bebê é, na verdade, a forma que ele – bebê – tem de contar alguma coisa sobre seu passado. E o faz por meio dos movimentos do corpo.

Golse (2020a) identifica ainda outro exemplo de narratividade corporal, expressa pelos atos e comportamentos do bebê. Trata-se das "espirais de retorno", propostas pela psiquiatra e psicanalista francesa Geneviève Haag em 1993. Golse (2020a) refere-se ao trabalho minucioso de observação de Haag e nos remete à cena em que, logo após um momento de interação, mas ainda no colo da mãe, o bebê leva a mão – a partir da cabeça – em direção à mãe, como se fosse um tipo de rotação anteroposterior (Golse, 2020c), ou mesmo um circuito de espiral. Em seguida, como se tivesse encontrado uma espécie de ponto de apoio (corporal e psíquico), volta sua mão em direção a si mesmo, mas agora de forma transformada. O autor resgata as palavras de Haag, ao afirmar que a cena se passa como se os bebês quisessem demonstrar que sentiram ser possível enviar a um outro – diferente de si –[4] algo de si mesmos, e que esse material psíquico ou protopsíquico irá, em seguida, encontrar no outro um fundo a partir do qual poderá voltar para o emissário. Para Golse (2020a), citando novamente Haag, com esse pequeno movimento, o

---

4 Golse (2020c) reforça que as espirais de retorno descritas por Haag só poderiam acontecer a partir do momento em que o bebê acede à intersubjetividade, ou seja, por volta dos 7 ou 8 meses.

bebê está tentando nos contar que compreendeu o que aconteceu no momento interativo anterior e, ao fazê-lo, prolonga tal experiência.

Pensando ainda sobre a comunicação corporal e o papel que as mãos têm no diálogo entre a dupla mãe-bebê, Golse e Amy (2020) identificam uma terceira perspectiva e fazem um paralelo majestoso entre as mãos do bebê e as de um maestro. Segundo os autores (2020), ao conduzir uma orquestra com as mãos, o maestro fala de si a seus músicos, e fala também daquilo que esses lhe enviam. Por outro lado, o bebê, com suas mãos, também fala de si ao adulto, e fala daquilo que recebe dele. Seria, assim, uma comunicação ocorrendo em via de mão dupla. Nas palavras de Golse e Amy (2020):

> *Atualmente, nos parece que, tanto para o bebê nas suas interações com seus parceiros relacionais, quanto para o maestro no seu trabalho com os músicos, coloca-se em prática um espaço de 'recitação' de dupla direção: as mãos de um, bem como as mãos do outro, encontram-se no coração desta narratividade compartilhada. (p. 18)*

O pressuposto do autor remete, contudo, à seguinte problemática: na relação mãe-bebê, assim como na relação maestro-orquestra, quem impulsiona o movimento? Em outras palavras: na situação dialógica, quem rege quem? Nesse sentido, Golse e Amy (2020) sugerem que a mãe seria o maestro das percepções do bebê, assim como o bebê seria o maestro dos fluxos sensoriais de sua mãe (Golse & Amy, 2020, p. 19) – cada qual à sua maneira e com os recursos dos quais dispõe. Os autores apresentam diferentes elementos da técnica do maestro que poderiam perfeitamente se enquadrar na situação dialógica entre uma mãe e seu bebê. Eu os elenco: o gesto, a pulsação, o tempo, a antecipação, o fraseado, o silêncio do gesto. "Tais elementos permitem a expressão ou a figuração do mundo interno do maestro e sua transmissão aos músicos que ele rege" (Golse & Amy, 2020, p. 61). Creio que poderíamos referenciá-los da mesma forma ao observarmos os momentos interativos entre uma mãe e seu bebê.

Para reforçar a ideia de maestria das mãos, Golse e Amy (2020) resgatam um trecho do *Grande tratado de instrumentação de orquestra moderna*, de Hector Berlioz.[5] Tomo a liberdade de citá-lo neste capítulo, por considerá-lo ilustrativo para o que veremos a seguir.

> *É necessário sentirmos o que ele sente, que ele compreende, que ele se comove: então seu sentimento e sua emoção comunicam-se àqueles que ele rege, sua chama interior lhes aquece, sua eletricidade eletrifica-lhes, sua força de impulsão treina-os, ele projeta em torno de si as irradiações vitais da arte da música. Se ele é inerte e congelado, ao contrário, paralisa todos ao seu redor, como essas massas flutuantes dos mares polares, através das quais adivinhamos a aproximação do resfriamento subido do ar. (Berlioz como citado em Golse & Amy, 2020, p. 61)*

Do que estaria falando Berlioz? Penso que, ao relatar a intensidade do envolvimento do maestro, o músico se refere à qualidade de sensações impressas no corpo daquele que rege. Sugiro pensarmos na relação mãe-bebê, seguindo o paralelo traçado por Golse e Amy, e considerarmos a posição da mãe enquanto regente. Qual seu estilo

---

5 Por volta de 1830, o compositor francês Hector Berlioz (1803-1869) escreveu o primeiro estudo sistemático sobre como se devia compor uma massa orquestral que suprisse a necessidade sonora do romantismo. O *Tratado de instrumentação e orquestração* de Berlioz ainda hoje é uma fonte de consulta timbrística, tanto para estudar as possibilidades individuais de cada instrumento quanto de seu conjunto, a orquestração (http://www.mnemocine.com.br/filipe/symphonic.htm).

134 OS PRELÚDIOS DE UMA COMUNICAÇÃO MÃE-BEBÊ

interativo? O que se passa em seu corpo durante as trocas com seu filho? Com que intensidade ela "rege" seu bebê?

Daniel Stern (1992) lembra que há milhares de variações e maneiras de realizar todo e qualquer movimento. O autor exemplifica apontando para diferentes sentimentos de vitalidade que podem ser expressos em atos parentais como erguer o bebê, trocar fraldas ou dar-lhe banho. Para Stern (1992, p. 48), não se trata de afetos categóricos ou "tradicionais" como raiva, alegria e tristeza, mas sobretudo da maneira e da qualidade como esses movimentos são executados. Stern chamou-os de "afetos de vitalidade". O autor nos lembra que há inúmeras maneiras de expressar um sorriso ou mesmo levantar-se de uma cadeira. Cada uma delas, segundo Stern (1992), apresenta um afeto de vitalidade diferente. Essa expressividade, coloca o autor, não está limitada aos sinais de afetos categóricos como aqueles que mencionei acima. Ela é inerente a todo e qualquer comportamento.

O autor recorre a dois exemplos para ilustrar seu ponto de vista. O primeiro refere-se à dança e aos múltiplos afetos de vitalidade expressos por ela. Segundo Stern (1992), na maior parte das vezes, o coreógrafo procura expressar uma forma de sentir, mais do que um conteúdo específico de sentimento. A dança revela ao espectador múltiplos afetos de vitalidade sem recorrer aos sinais dos afetos categóricos. O segundo exemplo compara a expressividade dos afetos de vitalidade a um show de marionetes. O autor assinala que as marionetes não possuem qualquer capacidade de expressar os afetos "tradicionais". É pela maneira como elas se movem que o espectador vai inferir o seu estado emocional.

"Tudo começa com o movimento", disse Daniel Stern (2010a) em uma palestra proferida no Instituto Sigmund Freud em Frankfurt, em 2010.[6] Para o autor, o movimento é o centro do eixo do sentir-

---

6 No inglês original, "*It all starts with movement*".

-com-o-outro e antecede a própria experiência. Em seu discurso, Stern elenca verbos para nomear a forma como nos movimentamos: correndo, oscilando, flutuando, saltitando, entre outros. O autor reforça ainda que tais verbos não nomeiam emoções, sensações, pensamentos nem movimentos. Eles representam o que chamou de "formas de vitalidade" (Stern, 2010b) e compõem as nuances de toda e qualquer comunicação interpessoal.

As pesquisas quadro a quadro e o acesso à intersubjetividade

Na década de 1970, importantes pesquisas independentes acerca do desenvolvimento infantil ganharam evidência no campo da psicologia. Essas investigações estavam apoiadas na microanálise de filmes feitos a partir da interação face a face de bebês com suas mães e foram responsáveis por ampliar o campo de conhecimento sobre os primórdios da comunicação entre a dupla.

Em Nova York, o então jovem psiquiatra e psicanalista Daniel Stern (1971) filmou uma mãe primípara com seus gêmeos de 3 meses e meio, Mark e Fred. O objetivo da pesquisa era investigar a natureza das diferenças nas interações com cada um. Quão longa era a sustentação do contato face a face? Quem era o responsável por iniciá-lo e terminá-lo? E quanto ao desvio de olhar? De quem partia a iniciativa? (Beebe, 2017). A filmagem foi feita na casa da família, e Stern escolheu estudar um encontro de sete minutos, por acreditar que o material continha as interações típicas. A análise quadro a quadro mostrou claramente como a mãe interagia de forma diferente com cada filho e, sobretudo, como cada gêmeo era responsável por dirigir a atenção da mãe nas trocas mútuas, em função do tempo de interação e de seus movimentos corporais (Stern, 1971). Stern descreveu o processo de comunicação entre a dupla como um movimento bidirecional, no qual cada elemento da díade modifica o outro.

Anos mais tarde, Colwyn Trevarthen montou um estúdio particular em Edimburgo para gravar cenas em que mães e seus bebês de 2 a 3 meses de idade pudessem se comunicar espontaneamente. Com apenas uma câmera, o comportamento do bebê era observado de frente, enquanto o comportamento da mãe era captado por um espelho colocado ao lado do bebê. A análise quadro a quadro procurou observar e medir os ritmos e a intencionalidade na troca de afetos entre a dupla. Trevarthen e Delafield-Butt (2017) ressaltam duas importantes observações acerca do estudo. A primeira revela que os movimentos que o bebê fazia em direção a objetos eram diferentes daqueles voltados à interação com sua mãe. Em contato com ela, os movimentos do *infans* incluíam expressões faciais, movimentos dos lábios e das mãos, e ainda movimentos oculares em busca de seus olhos e boca. A segunda observação evidenciou que nas protoconversações[7] entre a dupla era o bebê quem tomava a iniciativa, com a mãe espelhando e imitando os movimentos, expressões de prazer e desprazer de seu filho. Trevarthen e Delafield-Butt (2017) reforçam que raramente o bebê imitava sua mãe.

Nos anos seguintes, estudos similares foram feitos pelo pesquisador e sua equipe, tanto nos Estados Unidos como na Europa. E, partindo do pressuposto de que os bebês e suas mães regulam

---

7 Para ilustrar o termo "protoconversação", Trevarthen resgata as palavras de Bateson (1979 como citado em Trevarthen, 2017): "Mãe e bebê colaboram em um padrão relativamente alternado, sem sobrepor as vocalizações. A mãe dirigindo frases curtas e o bebê respondendo com gorjeios e murmúrios. Juntos produzem uma breve performance, similar a uma conversação, que eu chamo de 'protoconversação'. Essas interações eram caracterizadas por um encantamento, uma atenção mútua e troca de olhares. Por serem curtas, muitas das vocalizações eram de um tipo não descrito na literatura infantil sobre audição, mas ainda assim eram partes cruciais da performance conjunta" (p. 14, minha tradução).

mutuamente interesses e sentimentos, trocando sinais multimodais e imitações corporais e faciais (Trevarthen & Aitken, 2019), o autor propôs a ideia de uma "intersubjetividade primária". Para Trevarthen, o bebê apresenta indícios de uma subjetividade desde o nascimento e é capaz de regular sua subjetividade à subjetividade de outros que o cercam. Nas palavras de Trevarthen e Aitken (2019):

> *As mães e os pais se comportam de forma extremamente cuidadosa e com expressividade exacerbada. Isso atrai a atenção do bebê e leva a uma troca complexa, composta por ações e por escutas, turno a turno. O bebê demonstra também, através de sua resposta, que ele aprecia ativamente, imediatamente, de forma consciente as intenções de comunicação e sentimentos dos adultos. A isso, chamamos de intersubjetividade primária. (pp. 30-31)*

A proposta de uma "intersubjetividade primária" criou certa polêmica frente aos defensores de um período de indiferenciação primária, por alguns modelos psicanalíticos clássicos.[8] Golse (2020b) propõe uma terceira via dialética entre essas duas abordagens. Para o autor, essa via consiste em pensar no acesso à intersubjetividade como um processo que se desenrola de maneira dinâmica, envolvendo momentos de intersubjetividade primária realmente possíveis desde o início, e momentos mais ou menos longos de indiferenciação. Seria como se, mesmo logo depois de nascer, o bebê tivesse pequenas ilhotas – ou pequenos núcleos – de intersubjetividade primária a partir das quais se organizaria pouco a pouco uma intersubjetividade

---

8 Trevarthen e Aitken citam Mahler e o conceito de fusão simbiótica. Os autores reforçam ainda que a teoria britânica das relações de objeto sustenta que o bebê não tem consciência de si, nem de um "eu" separado, e tampouco de uma representação de "si" distinta do "outro" (Trevarthen & Aitken, 2019, p. 41).

secundária. Nesse sentido, Golse (2020b) chama atenção para a importância da sincronia multissensorial do objeto, de forma a experimentá-lo como exterior a nós mesmos:

> *Se definirmos intersubjetividade como o conjunto de processos que permite à criança, mais ou menos gradualmente segundo as diferentes teorias, sentir, experimentar e integrar profundamente que ela e o outro são dois e que o objeto vale como algo diferente de si mesma, então não há intersubjetividade possível sem que se reúnam as diferentes percepções provenientes do objeto e sem que se as coloque em ritmos suficientemente sincrônicos. (pp. 69-70, tradução de Sandra Gonçalves)*

Igualmente, poderíamos pensar em momentos de intersubjetividade primária que demandariam ser progressivamente trabalhados e unificados no sentido de levar o bebê pouco a pouco a uma intersubjetividade estabilizada (Golse & Desjardins, 2005). O papel materno ou paterno seria, nesse sentido, fundamental para favorecer a confluência gradual desses momentos.

A linguagem analógica e digital

Como vimos, desde seus primeiros instantes de vida, o recém-nascido manifesta uma necessidade vital de interagir com o mundo e com as pessoas em sua volta. Parizzi e Rodrigues (2020) afirmam que a relação do *infans* com os que o cercam é tecida por uma narrativa de gestos visíveis e audíveis do corpo, compartilhados apenas mais tarde com a palavra. O bebê fala com o corpo por expressões faciais, movimentos dos membros, da cabeça e das mãos. Ele fala também com a voz, por murmúrios, gorjeios, choros e risos. E fala com o olhar, na busca de uma interação.

Golse e Desjardins (2005) sugerem nomear a comunicação, até então chamada de verbal e não verbal, com dois novos conceitos. Os autores nominaram o polo não verbal como analógico, pois, segundo Golse (2020a), é preciso haver uma analogia entre o comportamento e o afeto que lhe é subjacente. A linguagem analógica seria suportada principalmente pelo hemisfério cerebral menor (o direito dos destros) e veicularia mensagens do tipo emocional ou afetivo por meio de comportamentos não linguísticos, como mímicas e olhares. Trevarthen e Aitken corroboram a proposta de Golse e afirmam que as significações mais precoces transmitidas ao bebê são não verbais ou "paralinguísticas", sob a forma de expressões vocais e gestuais (Trevarthen & Aitken, 2019, p. 29).

O polo verbal, por sua vez, foi denominado por Golse e Desjardins (2005) como digital. Suportada pelo hemisfério cerebral maior (o esquerdo dos destros), seria especialmente de tipo analítico e veicularia principalmente ideias, conceitos e pensamentos. A comunicação digital assim foi chamada por poder ser fragmentada e entrecortada em pequenos dígitos de informação, como frases, palavras e sílabas.

Para os autores, a comunicação analógica deve ser bem instalada para que um dia a comunicação digital possa surgir. Os psicanalistas sublinham o fato de que a primeira não cessa quando chega a segunda e que as duas funcionarão juntas durante toda a vida (Golse & Desjardins, 2005).

Apesar dessa aparentemente simples classificação, Golse e Desjardins (2005) insistem no fato de que ocorre uma concatenação cerrada entre os dois tipos de comunicação e que há muito do analógico no digital. Para eles, existe uma parte não verbal na linguagem verbal, caracterizada pela música da linguagem.

140 OS PRELÚDIOS DE UMA COMUNICAÇÃO MÃE-BEBÊ

Considerando que este trabalho tem como um de seus objetivos estudar os primórdios da comunicação entre a mãe e seu bebê, me atentarei principalmente à comunicação analógica – adotando a nomenclatura de Golse e Desjardins – e farei, como mencionado no início deste capítulo, uma divisão didática para tentar abarcar todos os seus aspectos. Apoiados na ideia de música da linguagem (Golse & Desjardins, 2005), comecemos, pois, pela perspectiva da voz.

Os vocalizes e a musicalidade comunicativa

Como destacado no Capítulo 4, "O ritmo e o processo de subjetivação", o ambiente intrauterino é recheado por sons rítmicos, constantes e graves, como os sons cardiovasculares, intestinais e placentários. Essa massa sonora constitui uma espécie de "fundo acústico" para os sons externos que chegam ao feto (Parizzi & Rodrigues, 2020). Parlato-Oliveira (2019) lembra que a partir da 26ª semana de gestação o feto já manifesta reações às palavras e à música provenientes do ambiente externo. Nesse momento, a voz materna ocupa um papel de protagonismo no campo auditivo do bebê. A autora reforça que esta voz é o único estímulo sonoro propagado no útero de forma dupla: tanto pela placenta – por onde também chegam os sons externos – como pelas estruturas internas do corpo da mãe (Parlato-Oliveira, 2019).

Com efeito, as reações do recém-nascido à voz materna já foram testemunhadas por um grande número de pesquisas. Por outro lado, a adaptação ativa da mãe em relação à sua própria fala quando dirigida ao bebê também pode ser percebida em diversos idiomas e culturas (Trevarthen & Malloch, 2009).

Parizzi e Rodrigues, resgatando os trabalhos de M. Papousek (1996 como citado em Parizzi & Rodrigues, 2020), afirmam que, ao se dirigir ao bebê, a mãe amplia a extensão de sua fala, utilizando a voz em um tom bem mais agudo, indo de um registro de sete semitons para duas oitavas. Ela ajusta seu estímulo vocal e gestual de forma a ir ao encontro das capacidades sensoriais e perceptuais do bebê: sua fala fica mais lenta, com pausas maiores entre as frases, que serão, por sua vez, mais curtas e ritmadas. A autora reforça que essa forma tão típica de falar, conhecida como "manhês",[9] é fundamental e imprescindível para o desenvolvimento do bebê, pois funciona como um convite à interação. A comunicação interativa e coparticipativa entre mãe e bebê, recheada pelo manhês, por balbucios, gorjeios, por gestos e movimentos corporais diversos, foi chamada por Malloch (1999) e Trevarthen (1999) de musicalidade comunicativa.

Para Trevarthen (1999), o termo "musicalidade" se refere à parte psicológica da música, uma necessidade psicobiológica de todo ser humano. Nas palavras do autor:

> *A musicalidade está em cada um de nós, de forma permanente. Ela atrai simpatia e interesse, e transpõe todas as diferenças culturais e históricas entre indivíduos e comunidades, desde a infância à velhice. Este é o seu valor adaptativo. Todos nós processamos a mesma capacidade fundamental de responder musicalmente, por mais diferentes que nossas culturas musicais possam ser. (p. 157, minha tradução)*

Trevarthen (1999) ilustra o conceito de musicalidade comunicativa apontando para as primeiras protoconversações entre um

---

9 Parlato-Oliveira (2019) assinala que o termo "manhês" foi utilizado inicialmente em inglês – "*motherese*" – nos trabalhos de Anne Fernald. Seguiu-se depois o uso em francês – "*mamanais*" – no livro de Jaques Mehler e Emmanuel Dupoux. Em Portugal, o termo usado é "mamanhês", e no Brasil, Claudia de Lemos – linguista referência na aquisição da linguagem e professora da Unicamp – definiu o uso do termo como "manhês".

recém-nascido e sua mãe. Segundo o autor, o ritmo de interação de um bebê com 5 semanas poderia ser a de um adágio lento, com um batimento a cada novecentos milissegundos, ou setenta por minuto. Nas trocas com um bebê de 8 semanas, por sua vez, o ritmo dos jogos vocais poderia acelerar para um movimento andante, com um batimento a cada setecentos milissegundos. Segundo o autor, as diferentes qualidades de interações são determinadas em função das emoções partilhadas mutuamente durante as trocas (Trevarthen, 2019a).

Para Malloch (1999), a musicalidade comunicativa constitui a base da comunicação humana e reforça a ideia de que mãe e bebê são parceiros em um diálogo musical. Nessa parceria, a dimensão semântica da palavra é menos importante do que a carga afetiva incrustada nas sonoridades e nos gestos trocados pela dupla (Parizzi & Rodrigues, 2020). Assim como a música, a musicalidade comunicativa seria então composta por três elementos: o pulso, a qualidade (emocional) e a narrativa.

O pulso, segundo Malloch (1999), é definido como a sucessão regular de eventos vocais ou gestuais no tempo e pode ser medido pela análise de interações vocais entre mãe e bebê, gravadas e plotadas em espectográficos. Esse instrumento é capaz de aferir o início e o término das vocalizações, seus movimentos gerais de tom e sua amplitude ao longo do tempo.

A qualidade se refere à gama de contornos modulares das vocalizações e dos gestos, que se movem ao longo do tempo. Caracteriza-se por atributos psicoacústicos das vocalizações, como altura, timbre, intensidade; e pelos atributos de direção e intensidade dos gestos (Parizzi & Rodrigues, 2020).

A narrativa, por fim, é construída a partir da integração dos demais elementos – pulso e qualidade – encontrados nas vocalizações e gestos criados em conjunto pela dupla (Malloch, 1999; Parizzi & Rodrigues, 2020).

Diferentes ritmos, contornos melódicos, sequências e compassos na interação mãe-bebê passam assim a formar verdadeiras frases musicais. Stern (1995) as nomeou de "envelopes protonarrativos", pois agrupam contornos temporais de sentimentos durante um determinado período de tempo.

A ideia de que o bebê entra na linguagem pela música proveniente de seu principal cuidador – a entender, o timbre, intensidade, ritmo e silêncios da mãe – também foi defendida por Bernard Golse e Gilbert Amy (2020). Os autores reforçam que as primeiras produções vocais do bebê, como lalações e balbucios, possuem em si qualidades musicais.

6. O método Bick de observação de bebês

As coisas não querem ser vistas por pessoas razoáveis.
Elas desejam ser olhadas de azul –
Que nem uma criança que você olha de ave.

(Manoel de Barros, *O livro das ignorãças*)

Inicio este capítulo com os versos do poeta Manoel de Barros, por reconhecer neles – e no estilo de seu autor – algumas ressonâncias com o método de observação proposto por Esther Bick. *O livro das ignorãças* (Barros, 1993/2016), como reforça o título, nos remete a uma realidade desconhecida, a um desconhecimento prévio de conceitos e significados. Em sua obra, o poeta nos convida a desaprender e a voltar para um estado de ignorância, para, a partir daí, observar e aprender novamente o mundo. Valter Hugo Mãe (2016) reforça que o método de Manoel de Barros é o da observação sempre inicial. "Cada coisa começa de novo com ele, numa aprendizagem contínua, inesgotável que recusa as codificações prévias para se situar nessa experiência sempre semelhante à magia que é mais típica da infância" (p. 5).

A capacidade de observar, assim como para o poeta, é essencial ao exercício da psicanálise e exige do observador uma grande disponibilidade interna. "Observar não é óbvio", dizia Esther Bick (M. Haag, 2016).

Apresento, a seguir, o método de observação proposto por Bick, iniciando com uma breve perspectiva histórica, para, na sequência, adentrar no método em si e em suas etapas. Ainda neste capítulo, abordarei as implicações éticas do método e discorrerei sobre a importância do papel do observador. Reservei o presente capítulo para este tema por acreditar que são muitas as reverberações para os três envolvidos na experiência da observação: mãe, bebê e o próprio observador.

Contexto histórico

Uma breve revisão histórica do campo de pensamento em que o método foi criado poderá nos levar a compreendê-lo melhor. Esther Bick nasceu na Polônia, em 1902, e se tornou psicanalista na Inglaterra, onde se refugiou pouco antes da Segunda Guerra Mundial. Inicialmente aluna de Melanie Klein, com quem fizera análise, Bick tornou-se sua colaboradora e sucessora (Prat, 2008).

O método de observação de bebês foi criado por ela em 1948, quando John Bowlby[1] – então dirigente da Clínica Tavistock em Londres –, solicitou-lhe uma ferramenta que pudesse não só sensibilizar os futuros analistas sobre o desenvolvimento precoce, mas

---

1   Prat (2008) ressalta a contribuição de Bowlby, que destacou o trabalho de Harlow sobre as condições de apego e desapego em chimpanzés. A autora reforça o importante papel do autor quando, em um relatório da OMS em 1951, Bowlby destacou as consequências das separações precoces e deficiências emocionais resultantes da ausência de referências emocionais em comunidades.

sobretudo aprimorar seus olhares sobre o amadurecimento psíquico (Golse, 2020c).

A partir de então, a observação de bebês passou a fazer parte do curso de formação de psicoterapeutas de crianças na Clínica Tavistock. Tinha como objetivo promover a observação do desenvolvimento do bebê desde o seu nascimento – no contexto da relação com sua mãe ou seu cuidador –, levando o estudante a descobrir por si mesmo como se originam e se desenvolvem tais relações (Bick, 1967). Nas palavras de sua criadora:

> Considerei que essa experiência era importante por numerosas razões, mas principalmente porque serviria de ajuda para que os estudantes pudessem compreender mais claramente a experiência infantil de seus pequenos pacientes, de modo que, ao começar o tratamento de uma criança de 2 anos e meio, por exemplo, o analista pudesse intuir como era quando bebê, etapa na qual esta criança não estava afastada demais. (p. 97, minha tradução)

Em 1960, a observação de bebês foi incluída no currículo do Instituto de Psicanálise de Londres como parte do curso para estudantes do primeiro ano. A partir de então, não sendo mais responsável por dirigir o treinamento em Tavistock, Esther Bick continuou sua prática como líder de seminários e como supervisora de alunos em treinamento tanto na clínica que anteriormente dirigiu como no Instituto de Psicanálise (Mélega & Sonzogno, 2008).

Golse (2020c) considera que a observação direta de bebês tem uma íntima história associada à psicanálise, antes e depois de Bick.

O autor se refere a Freud e à observação de seu neto no jogo do Fort-da[2] quando o infante, aos 18 meses,[3] encenava as partidas e retornos de sua mãe.

Podemos pensar ainda na importância que Donald Winnicott deu à observação direta. Tosta (2012) ressalta que o psicanalista chegou a declarar que antevia desenvolver aspectos teóricos e práticos em sua teoria, a partir da descrição das observações feitas no atendimento pediátrico. A autora reforça que as observações das duplas mãe-bebê deram ao psicanalista condições para perceber situações de interações na saúde e suas variações que apontavam para alguma disfunção.

Ademais, vale lembrar que no texto "Sobre a contribuição da observação direta da criança para a psicanálise", de 1957, Winnicott enfatiza a importância do método de observação para o avanço e a construção da teoria psicanalítica. Nas palavras do autor: "A psicanálise tem muito a aprender daqueles que observam diretamente as crianças, as crianças junto com as mães e as crianças no ambiente em que vivem no natural" (Winnicott, 1957/1990, p. 105).

As contribuições de Melanie Klein à observação direta também merecem destaque. Em seu artigo "Sobre a observação do comportamento de bebês", de 1952, a psicanalista fez um grande elogio à observação direta, reforçando a importância de o psicanalista de crianças observar bebês em seus berços, tanto nos momentos de quietude e tranquilidade como naqueles de ansiedade e preocupação. Em seu

---

2 O jogo do Fort-da foi relatado por Freud no texto "Além do princípio do prazer", de 1920.

3 Golse chama a atenção para a idade do neto quando da observação de Freud: 18 meses. "18 meses não é qualquer coisa para Freud", diz Golse. "18 meses é a idade que Freud tinha quando perdeu seu irmão menor Julius. Os bebês jogam o jogo da bobina muito antes dos 18 meses. Isso nos mostra que nossas observações são baseadas em nossa subjetividade" (Golse, 2020c, 29min).

texto, Klein (1952) afirma ter encontrado, por meio da prática de observação de bebês, subsídios que lhe permitiam confirmar suas hipóteses teóricas acerca do desenvolvimento emocional primitivo.

Por fim, aponto para os trabalhos de René Sptiz, que, em 1935, iniciou suas investigações sistemáticas em psicologia psicanalítica infantil, servindo-se de observações diretas (Spitz, 1979/2016b). Posteriormente, Spitz introduziu o que chamou de "análise por meio de filmes", que consistia em filmar um bebê a um ritmo de 24 quadros por segundo, permitindo-lhe analisar os movimentos do *infans* em um ritmo três vezes mais lento que o normal.

Como vimos no Capítulo 6, outros autores e pesquisadores do desenvolvimento emocional primitivo, como Daniel Stern e Colwyn Trevarthen, desenvolveram pesquisas utilizando-se de observações diretas gravadas e, a partir delas, ampliaram de forma significativa o campo do conhecimento sobre os estágios iniciais da vida psíquica.

Com efeito, trabalhos, pesquisas e publicações tanto no âmbito da psicologia experimental como no da psicanálise vêm crescendo de forma exponencial desde a segunda metade do século XX. Não cabe a este volume elencá-los, mas sim apontar para o fato de que a observação direta de bebês vem exercendo um papel de protagonismo na forma como hoje enxergamos o *infans*, a dizer, como "um organismo vivo, aberto ao ambiente e com habilidades de interação social muito intensas e imediatas" (Golse, 2020c, 14min54s).

Sobre o método

O método proposto por Esther Bick se diferencia de qualquer outro por ter como objeto de observação o bebê em seu ambiente familiar. Assim, a observação não está focada no estado de espírito ou sentimentos de um indivíduo, mas no fluxo e trocas de pensamentos e sentimentos entre o bebê e aqueles que interagem com ele, bem como na identidade em evolução do bebê dentro desse campo de experiência (Rustin, 2012). Nesse aspecto, é interessante notar que no Brasil o método seja conhecido também como "observação mãe-bebê", incorporando o caráter relacional da observação (Oliveira-Menegotto et al., 2006).

O procedimento metodológico é realizado em três tempos: 1) o tempo da observação, no qual o observador vai à casa do bebê uma vez por semana e lá permanece por uma hora; 2) o tempo das anotações, quando, logo após a visita, o observador registra por escrito a experiência vivida; e 3) o tempo da supervisão, que ocorre semanalmente com o grupo de observação e um coordenador psicanalítico.

Permito-me aprofundar cada um desses tempos, buscando explorar seus significados e representações.

Michel Haag (2016), aluno e supervisionando de Bick na década de 1970, refere que, para a autora, a regra número 1 da observação trata da postura de "tábula rasa" do observador. Haag (2016) resgata as palavras de Bick:

> *O que é fundamental ensinar é que para observar é preciso chegar como uma tábula rasa. Você não sabe nada, eis tudo. Essa é a regra número 1 do observador, porque estou convicta de que, sem essa atitude, nenhum trabalho é verdadeiramente frutífero. Se você entrar com seus conceitos fixos, seja o-seio-como-um-objeto-interno ou qualquer coisa pronta, você não as vê. (p. 5, minha tradução)*

Não seria essa a mesma postura do poeta em *O livro das ignorãças*, descrita no início deste capítulo? Permito-me retomar as palavras de Valter Hugo Mãe ao referir-se ao trabalho de Barros: "Cada coisa começa de novo com ele, numa aprendizagem contínua, inesgotável, que recusa as codificações prévias" (Mãe, 2016, p. 5). Assim, penso que, como na arte, o despojamento de conceitos prévios e a abertura para o novo fazem-se essenciais para o exercício da observação.

Mas voltemos a Haag e suas contribuições. Como discípulo de Bick, o autor reforça que a tábula rasa não consiste em destruir a teoria, mas, na medida do possível, colocá-la de lado durante as duas primeiras etapas da observação. Conforme Golse (2020c), é preciso esperar, observar sem compreender. Tanto a teoria quanto seus significados viriam no terceiro momento.

Mas o que observar? Vale notar que, quando no ambiente familiar, o observador vive uma experiência que se passa em duas instâncias (Sandri, 1997): a primeira diz respeito a uma cena exterior a ele, representada pela dinâmica da relação pais-bebê. Nessa cena, a atenção volta-se aos detalhes do que se passa: aspectos verbais, gestuais e relacionais da dupla. Jeanne Magagna (1997), supervisionanda de Bick, relata a orientação de sua supervisora em um de seus encontros:

> *Como é que a mãe segura o bebê? Onde está sua cabeça? Está perto do corpo da mãe? Para onde ele está olhando? O que fazem suas mãos e suas pernas quando a mãe o muda de posição? Que movimento você vê no corpo da criança em repouso quando a mãe esfrega sua barriga? Mostre-nos, queremos saber... Os olhos, a boca, as orelhas, o nariz e as mãos, todos servem para ligar o bebê à sua mãe, em sua tentativa de manter sua coesão. (p. 46)*

A segunda cena no enquadre da observação diz respeito à subjetividade daquele que observa e é representada pelas emoções, fantasias e, às vezes, pelas vivências corporais suscitadas no observador pelo bebê e seu entorno.

Como na obra de Manoel de Barros, essa cena leva o observador ao domínio da sensorialidade, do deixar-se preencher pelo clima emocional do entorno. Contudo, seria possível àquele que observa alcançar esse estado de completa disponibilidade interna? Druon (1997) sublinha que pensamentos mais ou menos inconscientes estão sempre prontos a intervir. O autor reforça que o continente psíquico do observador é coberto por resíduos conscientes e inconscientes sobre os quais irão se depositar suas impressões a respeito do bebê observado. Com efeito, o olhar do observador ocupa um papel de protagonismo na cena, mas é necessário considerar também aquilo que é imperceptível aos olhos e que muitas vezes passa pelo corpo daquele que observa.

Nesse sentido, Golse (2020c) resgata sua experiência acerca do trabalho realizado no Instituto Pikler Lókzy de Budapeste – descrita no Capítulo 6 deste volume – e das reações despertadas nas observadoras.

Corroborando a experiência de Golse, Prat (2008) reforça a importância da íntima relação entre a ressonância emocional do observador e a situação emocional do bebê e sua família. Segundo a autora, tal ressonância permite que os elementos da experiência emocional do observador sejam considerados como parte do material coletado na sessão.

O segundo momento do método trata da tomada de notas, ou seja, do registro daquilo que foi observado. Após a sessão, o observador escreve um relato do que consegue lembrar, sem buscar atribuir qualquer significado *a priori*. Ele irá refazer mentalmente o "filme" da sessão, buscando se lembrar de pequenos detalhes do comportamento do bebê, como expressões faciais, movimentos das mãos, mudanças de posição, trocas com a mãe e outras pessoas presentes (Prat, 2008).

Sandri (1997) reforça que, diante do impacto emocional da observação, diferentes formas de defesa inconscientes podem entrar em jogo no momento do registro. A autora aponta para um possível esquecimento, para a dificuldade em redigir o relatório e até mesmo para um "descoloramento emocional", ou seja, uma descrição "pálida" dos eventos, destituindo-os da cor das emoções.

O terceiro tempo do método, por fim, trata dos grupos de supervisão. Para Sandri (1997), o grupo representa um espaço continente para as angústias primitivas despertadas pelo contato com o bebê e seu entorno. A autora sugere que a função continente do grupo seja semelhante à função do pai e da família em relação à mãe. Nesse sentido, ele assume uma posição de terceiro, auxiliando a passagem do impacto emocional vivido pelo observador para um trabalho de elaboração psíquica. A partir da leitura dos relatos e das discussões, o grupo passa então a levantar conjecturas imaginativas. Silva, Serber e Nogueira (2019) reforçam que esse exercício proporciona ao observador nomear, pensar e elaborar experiências emocionais primitivas vividas nas observações.

Golse (2020c) traça uma íntima semelhança entre os três tempos propostos por Bick em seu método e os três tempos do ato psíquico propostos por Freud, a dizer: o tempo da atenção, o tempo da memorização e o tempo do julgamento ou elaboração. Para o psicanalista francês, o tempo da observação corresponde ao tempo da atenção. A tomada de notas pelo observador corresponde ao tempo da memorização. E, por fim, o tempo do grupo corresponde ao julgamento, ou ao que hoje seria chamado de elaboração. A grande força do método Bick, para Golse (2020c), está na dissociação desses três tempos. Ou seja, enquanto se observa, não se toma notas, e enquanto se toma notas, não se pensa sobre a teoria. A teoria e seus significados, reforça Golse, virão mais tarde e a seu tempo. Nessa mesma linha, voltamos então à regra número 1 proposta por Bick em seu método, e já apresentada neste trabalho: a abstinência teórica.

Vale ainda ressaltar as contribuições de Régine Prat (2008) ao pensar sobre os três tempos da observação. A autora afirma que o pensamento é um movimento em rotação, criado em várias etapas, dando-nos tempo para fazer desvios, para ir e vir, para digerir e retornar. De outra forma, sublinha Prat, teríamos apenas um modelo de ação-reação, ou mesmo um pensamento binário. Assim, os três tempos propostos por Bick nos permitem ir e vir, suspender e esperar, retornar e elaborar o pensamento como em uma valsa em seus três tempos. O primeiro tempo dessa valsa, segundo Prat (2008), seria o da própria observação, quando o observador sozinho vivencia a experiência de observar. No segundo tempo, o observador leva o bebê em seus braços, ou, na retificação de Prat, em sua mente. Esse seria o tempo de lembrar, de internalizar a experiência e de escrever o relatório. Por fim, o terceiro tempo da valsa seria aquele em que dançam os três. Para melhor ilustrar esse momento, recorro à letra da música "La valse à mille temps", de Jacques Brel, na qual se inspirou Prat:

> *No terceiro tempo da valsa*
>
> *Finalmente valsamos os três*
>
> *No terceiro tempo da valsa*
>
> *Existe você, existe o amor e existe eu*
>
> *(minha tradução)*

Esse seria então o momento em que a experiência da observação, o observador e o grupo de supervisão se encontram. Um tempo em que dançam os três, ou melhor, em que pensam os três.

Implicações éticas

Esther Bick tinha um grande senso ético (M. Haag, 2016). Ao pensar sobre os objetivos da observação direta, a psicanalista deixou clara sua escala de valores: em primeiro plano está o bem-estar e os interesses da criança e seus pais. Em segundo, subordinado ao primeiro, Bick aponta para o treinamento e formação do analista. E por fim – e nesta ordem – o uso do método para fins científicos (M. Haag, 2016). Golse (2020c) resgata as prioridades éticas de Bick, mas reconhece que as contribuições da observação direta têm sido fundamentais para aprofundar a temática sobre os estágios iniciais da vida psíquica.

Permito-me, neste momento, trazer contribuições de alguns autores que, respeitando a hierarquia aqui descrita, foram grandes defensores da aplicação do método para fins de pesquisa. Mélega (2008b)[4] reforça que, partindo de pressupostos fundantes da psicanálise como o enquadre da observação, o encontro semanal, a transferência e contratransferência, a atenção flutuante e as supervisões, o método Bick de observação tem como escopo a compreensão de um fenômeno a partir de sua gênese, e funciona como facilitador para fins investigativos. Rustin (1997) reforça ainda que cada bebê observado pode ser considerado um estudo de caso e, como tal, tornar-se uma excelente ferramenta de pesquisa.

Mas voltemos à questão ética e ao objetivo primordial que Bick apontou para seu método: o bem-estar do bebê e seus pais. Gostaria de sublinhar as contribuições de Golse (2020c) no que se refere a

---

4 Mélega (2008, p. 277) considera que o estudo do funcionamento da mente humana ampliou-se cientificamente a partir da descoberta do inconsciente por Freud e do desenvolvimento de um método próprio para investigá-lo. A autora enfatiza que, ao colocar-se diante de seus pacientes como um observador de fenômenos psíquicos – incluindo aqueles produzidos pela sua presença, a dizer, a transferência – Freud reforçava sua posição não neutra, mas sim subjetiva, imersa no campo emocional criado pelo par analítico.

um possível efeito terapêutico das observações sobre o bebê e sua família. Em uma palestra promovida pela Sociedade Psicanalítica de Porto Alegre (2020), o autor nos diz:

> *Percebemos que os bebês observados, ao final do período de observação, pareciam particularmente bem. Essa noção é difícil, porque escolhemos bebês que estavam bem. Como poderíamos afirmar que ao final do período de observação eles estariam melhor do que simplesmente bem? Melhor do que se não tivessem sido observados? De certo é um pouco subjetivo, mas provavelmente, o bebê que é observado se identifica gradualmente com a função de continência e à função de atenção do observador. (Golse, 2020c, 53min3s)*

Por onde então passaria esse efeito terapêutico? O psicanalista nos dá algumas pistas. Em sua palestra, Golse (2020c) sugere que o bebê é um "intruso oficioso" na família. Ou seja, mesmo quando esperado e desejado, ele desorganiza a ordem do grupo. Sua chegada provoca uma crise de identidade familiar, em que pais e possíveis irmãos terão que encontrar um novo lugar. Contudo, seria muito difícil pensar no bebê como um intruso, afirma Golse. Eis então um possível efeito terapêutico do método: na presença de um observador, os sentimentos de ambivalência, tão naturais na relação pais-bebê, passam a se debruçar sobre aquele que observa. Se podemos pensar no bebê como um "intruso oficioso", reforça o autor, o observador passa a ser então um "intruso oficial". Assim, os sentimentos de ambivalência que lhes são dirigidos acabam por aliviar a relação pais-bebê.

Um segundo possível efeito terapêutico se debruça sobre o mecanismo de acolhimento/evacuação[5] na dinâmica da observação.

---

5   Golse faz referência ao conceito seio-toalete de Donald Meltzer (1971a, pp. 33-46).

A presença de um observador com sua atenção e receptividade sem interferência e julgamento fica disponível e pode ser usada pela mãe como um continente para suas dúvidas, preocupações e ansiedades. O autor reforça que o acolhimento de conteúdos hostis e ambivalentes, em relação ao bebê, acaba por tornar o observador um importante elemento de continência para a mãe.

Golse (2020c) reforça ainda que a presença do observador tem um significado valioso para a mãe. Suas visitas regulares expressam que seu bebê é importante e digno de ser observado por alguém ao longo de um ou dois anos. Em um período tão vulnerável e muitas vezes solitário, esse ganho narcísico, segundo o autor, a autoriza para a maternidade e reforça seu papel de mãe.

Lisondo (2019) nos lembra que os responsáveis pela função parental podem identificar-se com a função do observador e assim ampliar sua capacidade de continência, atenção qualificada, espera, tolerância e controle das atuações.

Por fim, Pereira da Silva[6] aponta para os efeitos sobre o próprio observador, que, em contato com conteúdos tão primitivos da dupla, acaba também por acessar seu próprio bebê interno e até mesmo – em alguns casos – reparar aspectos de sua própria experiência de maternidade.

Sobre a postura do observador

Se considerarmos que o observador é um intruso oficial no seio familiar, como sugere Golse (2020c), pensar sobre sua postura, conduta e habilidades faz-se essencial.

---

6 Supervisão de 9 de abril de 2020.

Marisa Pelella Mélega (2008b) reforça que:

> Ao usarmos o termo "Aplicação do Método de Observa-
> ção E. Bick", estamos nos referindo ao trabalho clínico
> que privilegia um conjunto de atitudes de mente para
> observar: ser receptivo, "estar" no clima emocional do
> objeto da observação, lidar com as próprias emoções
> despertadas pela função de observar e não interferir
> ativamente no objeto de observação. (p. 197)

Assim, quando em contato com a dupla, o observador deve manter-se em uma posição mais reflexiva do que ativa e exercitar o silêncio diante daquilo que observa. Privilegiam-se a escuta, a observação, a continência emocional do observador, diante da transferência e contratransferência, considerando serem esses os instrumentos que favorecem a aproximação à realidade psíquica e promovem um clima em que o pensar pode acontecer (Mélega, 2008b). Com efeito, cabe àquele que observa colocar-se ao mesmo tempo como um elemento íntimo e discriminado na cena familiar. Essa postura acaba por facilitar a constituição da relação transferencial, uma vez que promove a reprodução e a atualização, na pessoa do observador, de padrões de relações infantis (Oliveira-Menegotto et al., 2006).

Assim como no exercício da psicanálise, o observador assume então a mesma condição que Freud recomendava para a prática analítica, a saber, a atenção flutuante. Dessa forma, deve suspender tanto quanto possível tudo aquilo que sua atenção habitual focaliza, como tendências pessoais, preconceitos e pressupostos teóricos.

Silva e Mendes de Almeida (2019a) reforçam ainda a importância da função de continência daquele que observa. Para as autoras, o observador deverá suportar o impacto das emoções primitivas e pressões emocionais que surgirão com as transformações cotidianas resultantes da chegada do bebê. Deverá ainda ter uma atitude receptiva e investigativa frente aos próprios estados internos, tolerando o não saber e evitando prejulgamentos.

Para encerrar este capítulo, retomo as palavras de Bick: "Observar não é óbvio". Não foi à toa que seu método foi proposto como treinamento e formação. Para a autora, é preciso aprender a ver, aprender a observar para ampliar o campo de visão daquele que observa. Como dizia Bick: "Aprender a observar servirá para você por toda a vida" (Prat, 2008).

7. Considerações finais

O ponto de partida para este trabalho foi o pressuposto de que as patologias psíquicas têm suas raízes nas primeiras interações pais-bebê e de que a disponibilidade do cuidador primário se faz fundamental para o desenvolvimento emocional do recém-nascido. A partir dessa ideia, fui tomada por inquietações a respeito de como se dá o encontro mãe/pai-bebê e se, em caso de risco, uma intervenção psicanalítica poderia ser fecunda. Meu interesse pelo desenvolvimento emocional primitivo me levou a aproximar uma lente de observação da dupla mãe/pai-bebê. Por meio dela, elegi capturar o que há de mais sutil, ou até mesmo de invisível, nesses primeiros encontros: o ritmo.

Assim, ao longo desta pesquisa abarquei as diversas dimensões em que o ritmo se apresenta na relação mãe/pai-bebê. Por meio das observações de duas duplas mães/pais-bebês, apresentadas na primeira parte deste livro, destaquei a presença do ritmo nos momentos de aproximações e afastamentos entre as díades, desde os estágios iniciais do pequeno infante.

O método proposto por Bick foi a viga mestra desta pesquisa. A forma como os dados foram coletados e registrados, a neutralidade

162 CONSIDERAÇÕES FINAIS

desta observadora, sua atenção flutuante e a observação de sua contratransferência possibilitaram análises qualitativas posteriores com base em uma teoria fundamentada. Igualmente, o grupo de supervisão atuou também como um corpo de pesquisa, na medida em que os temas emergentes das observações foram discutidos e puderam abrir espaço para que conjecturas e hipóteses fossem – ou não – se confirmando ao longo do tempo.

Mas não foram poucos os desafios. Ao longo do trabalho, a rotina de observações sofreu um contratempo com o advento da pandemia do coronavírus. Em um primeiro momento, as observações de uma das famílias foram interrompidas e só puderam ser retomadas virtualmente depois de algumas semanas. A necessidade de adaptar o método ao novo formato não veio sem alguns questionamentos. Como deixar-se permear por sensações em uma observação a distância? Seria possível manter o mesmo rigor e neutralidade de uma observação presencial? Acredito que se, por um lado, a observação mediada por uma tela colocou à prova toda a minha sensorialidade, por outro, abriu espaço para um novo tipo de encontro entre observador-observado, possibilitando trocas que talvez não teriam sido possíveis presencialmente. Notei que novos elementos entraram em cena e novas possibilidades de interação se apresentaram, propiciando uma vivência diferente de observação.

Além disso, entendo que a pandemia não foi um impeditivo e que mesmo através de uma tela as observações puderam ser permeadas por um olhar emocional, capaz de abraçar e dar continência àqueles observados. Não obstante, penso que as limitações impostas por ela abriram um campo fecundo para estudos sobre novas possibilidades, alcances e limitações acerca da observação de bebês seguindo o método proposto por Bick.

Por meio da experiência de observação e de seus registros, pude perceber a presença de três eixos rítmicos entre as duplas: o corporal, o vocal e o lúdico. Com relação ao eixo corporal, constatei que as tarefas de cuidado da mãe em relação ao seu bebê vão muito além daquelas relacionadas aos cuidados físicos. Com efeito, a qualidade rítmica das interações corporais entre a dupla nos primeiros meses – a forma como o bebê é tocado, a experiência com o seio, a presença e ausência do objeto, a cadência dos movimentos da mãe – se apresenta como fundamental para o processo de subjetivação do recém-nascido. Por seu lado, o eixo vocal apontou para a importância da qualidade rítmica nas trocas vocais entre os parceiros. Consegui observar como a temporalidade no interjogo entre mãe e filho foi fundamental para que falas e balbucios pudessem adquirir significados e promover encontros banhados por afeto e cumplicidade. Por fim, o eixo lúdico evidenciou a importância da presença de um elemento surpresa que pudesse quebrar um ritmo interativo já instalado. Percebi como jogos, cantigas e objetos tutores (Guerra, 2014a) ampliaram as possibilidades de interação e abriram espaço para que o inesperado pudesse acontecer.

Os três eixos aqui apresentados estão intimamente imbricados e se somam em um movimento contínuo. Contudo, aponto para um papel de protagonista do eixo corporal, na medida em que se apresenta como base para os demais. Não seria equivocado afirmar, por exemplo, que o aspecto vocal teria sua base na corporeidade e que toda troca lúdica é pautada por uma experiência corporal.

Nos capítulos teóricos foi possível perceber como vários autores apontam para a importância do corpo. Daniel Stern (2002) foi um dos primeiros a metaforizar a relação mãe/pai-bebê como uma dança rítmica e musical. Pensar nessa metáfora me parece oportuno. Com efeito, os instrumentos centrais da dança são a comunicação e a linguagem corporal. Em outras palavras, é o corpo que se expressa e, ao fazê-lo, produz reações em seu parceiro de comunicação. Um gesto, uma postura, uma mímica, uma voz, uma entonação, irão compor a coreografia que, em condições favoráveis, será cocriada entre a dupla. Guerra (2020), por meio de seu diálogo com Stern, nos lembra que desde os primeiros meses o bebê pode diferenciar o estilo rítmico de seu parceiro interativo, e que tal estilo será capaz de definir a qualidade – gratificante ou não – do vínculo.

A função polivalente das mãos no encontro intersubjetivo, como destacado por Golse e Amy (2020) e Haag (2018), também levam à reflexão sobre a importância da observação do corpo como veículo de comunicação. A "dança das mãos", nas palavras de Golse, ou o "teatro das mãos", como o denomina Haag, reforçam a base corpórea das interações iniciais e a necessidade de um olhar minucioso aos movimentos do bebê.

Por meio das duas famílias observadas, pude testemunhar a construção de um ritmo interativo, partindo sobretudo do respeito aos ritmos do bebê. No caso de Helena, João e Pedro, observei os esforços da mãe em adaptar-se às necessidades do filho desde os primeiros dias. As dificuldades na amamentação relatadas por Helena e as sucessivas tentativas de fazer o filho dormir, que presenciei nas observações iniciais, evidenciaram uma mãe procurando amoldar-se às demandas fisiológicas de seu bebê, respeitando o ritmo do recém-nascido. Ademais, a qualidade do seu toque, o tom suave de seu manhês e a exclusividade de atenção ao filho nos primeiros meses apontaram para uma mãe com disponibilidade psíquica suficiente para coconstruir uma identidade rítmica própria com o recém-nascido, base fundamental para o processo de subjetivação do bebê.

No decorrer das observações, pude acompanhar o crescimento e o desenvolvimento do pequeno Pedro. Conforme foi ganhando alguma autonomia, presenciei o desenrolar de protoconversações simulando diálogos compostos por verdadeiros compassos rítmico-musicais. Por fim, a participação do pai, que acompanhei na última observação descrita neste livro, apontou para a cocriação de uma estrutura lúdica própria entre a dupla, proporcionando uma experiência de cumplicidade e sintonia afetiva singular, fundamental para o acesso à intersubjetividade. Assim, entendo que as trocas afetivas testemunhadas ao longo dos doze meses de observação foram pautadas por ritmos próprios entre mãe/pai-Pedro, permitindo que o bebê fosse se subjetivando e gradativamente expressando sua forma de sentir, perceber e estar no mundo.

No caso de Patrícia/Luiz e Laura o processo de construção da parentalidade ficou ainda mais evidente. Os poucos movimentos da bebê nas primeiras observações e a insegurança inicial da mãe quando da minha chegada foram, gradativamente, se transformando em um sorriso de Laura e um convite para que me sentasse e ficasse à vontade. As expectativas de Patrícia em relação ao método de alimentação da filha também foram progressivamente abrindo espaço para a descoberta de um ritmo comum à dupla, que permitisse à mãe e à filha desfrutar de momentos de cumplicidade.

Ao longo das observações, pude notar como a rotina da casa conferia uma certa segurança à mãe e à bebê. As observações seguiam invariavelmente a seguinte sequência: brincar juntas, brincar sozinha "enquanto a mamãe prepara o almoço", almoçar, lavar mãos e pés e, por fim, escovar os dentes. Marcelli (2007) nos lembra que os rituais de cuidados relativamente fixos de um dia para outro carregam consigo a característica de repetição e permitem a memorização, a antecipação e a previsibilidade do que está por vir. Além do mais, tais rituais desenvolvem o sentimento de continuidade narcísica – em função das confirmações das expectativas –, de confiança e segurança, e dão ao bebê a possibilidade de viver a experiência de "criar o ambiente" (Winnicott, 1971/2019c). Penso que mãe e filha muito se beneficiaram dessa rotina. Laura, que pouco se mexia nas primeiras observações, foi aos poucos ganhando autonomia e conquistando seu espaço: aos dez meses começou a engatinhar e explorar os ambientes da casa. Gradativamente, passou a emitir balbucios e a interagir mais com seus parceiros de cuidado. Por outro lado, a mãe – mais séria nas primeiras observações – foi abrindo espaço para um brincar mais solto e espontâneo. Por fim, o pai, com seu tom descontraído, somou um elemento lúdico ao quadro. Nesse sentido, sublinho as contribuições de Lebovici (1987) ao reforçar que as interações pai-bebê têm um caráter mais físico e mais estimulante que a relação mãe-bebê. O autor ressalta que diferentes elementos rítmicos e motores se apresentam na relação com cada parceiro, e que essas diferenças são fundamentais para o processo de subjetivação do bebê.

Nos casos das duplas aqui apresentadas, a construção de um ritmo comum se manifestou de forma sintônica e harmoniosa. Contudo, a sincronia entre a dupla nem sempre é tranquila. Conforme Guerra (2020), a hipótese de uma lei materna – presente no processo de subjetivação do bebê e construída mediante uma sintonia rítmica – leva a pensar que a possibilidade sintomatológica do bebê estaria frequentemente relacionada a diferentes formas de disritmia. A ideia de "transtornos de subjetivação arcaica" apresentada pelo autor (Guerra, 2015b) aponta para as dificuldades de subjetivação do bebê como decorrentes de uma disritmia primária. Guerra reforça ainda que essa subjetivação falida – ou "des-subjetivação" – poderia comprometer o processo de simbolização e até mesmo acarretar dificuldades na instauração dos indicadores de intersubjetividade. Na clínica contemporânea, Metzner (2021) aponta para quadros clínicos de agitação motora, retraimento relacional e para o significativo aumento de crianças com suspeita de estarem dentro do espectro autista em decorrência não só de aspectos constitucionais e culturais, mas também de uma disritmia no encontro intersubjetivo primário.

Para sublinhar o protagonismo do ritmo na construção dos vínculos iniciais, retomo as palavras de Guerra (2015b):

> *O ritmo é um dos primeiros organizadores do encontro intersubjetivo, base do advento do bebê como ser humano. O respeito ao ritmo do próprio sujeito permite um segundo ponto fundamental que é a cocriação de um ritmo comum. Mãe-bebê, pai-bebê vão moldando um ritmo comum, como uma música necessária e fundante da dança da subjetivação, dança que tem como instrumento central a comunicação e a linguagem corporal. (p. 139, minha tradução)*

Assim, faz-se mister dar luz ao tema "ritmo" quando pensamos nos primeiros encontros entre a dupla mãe/pai-bebê. Um ritmo coconstruído – como ressaltado por Guerra – seria a base para a construção do vínculo, na qual bebê e objeto irão compor e tecer as tramas do processo de subjetivação do sujeito nascente.

Em um período que antecede a aquisição da linguagem, sublinho ainda o papel do corpo como um verdadeiro palco onde ocorrerão as trocas sensoriais e como instrumento fundamental para a construção de um ritmo compartilhado entre o bebê e seu cuidador. Com seus movimentos, expressões faciais, mímicas, sorrisos, atos e comportamentos, o bebê nos conta – ou melhor, nos narra – algo de si.

Essa comunicação corporal, ou pré-verbal, o acompanhará ao longo da vida como uma sombra abaixo da comunicação verbal. Retomo as palavras de Stern (2010a): "Tudo começa com o movimento". Parece-me lógico identificar essa forma de comunicação ao pensarmos não só no quanto falamos com as mãos, expressões faciais e movimentos corporais, mas sobretudo ao refletirmos sobre nosso ritmo interativo.

Penso que as trocas intersubjetivas vão se tecendo de maneira singular a cada dupla, construindo um *pas de deux* próprio.

168 CONSIDERAÇÕES FINAIS

E considero que a qualidade do vínculo construído nos primeiros meses será a base para o edifício psíquico que se construirá a seguir.

Antes de finalizar minha exposição, gostaria de dedicar algumas palavras para ressaltar a riqueza do método de observação de bebês proposto por Esther Bick.

A possibilidade de observar um bebê em sua relação com o ambiente familiar é, com efeito, um privilégio para aqueles que se interessam pelo desenvolvimento emocional e pela constituição do psiquismo.

Penso que, para além do procedimento metodológico proposto por Bick e seus três tempos – a saber, a observação propriamente dita, a tomada de notas do que foi observado e a supervisão –, a genialidade do método está em seus possíveis efeitos terapêuticos para todos os envolvidos: o próprio bebê, a mãe, o pai, a dupla mãe/pai-bebê e o próprio observador.

Lembro-me das palavras de Perez-Sanches (1997) ao referir-se à riqueza do método proposto por Bick:

> *O olho da câmera aprisiona, o olho do fotógrafo libera. O que queremos dizer é que a emoção é a consciência, a organizadora da vida, tanto para o objeto observado como para o observador, de tal modo que o olho se transforma em pele, porque aqui o olhar não é uma fotografia, um filme da vida familiar, mas uma sensibilidade ao drama de uma mulher, de um homem, de um bebê. O olhar do observador é, em muitos momentos, braços que acolhem, uma boca que sorri, pernas que acompanham, uma criatura que estende a mão. (pp. 57-58)*

Penso que não seria equivocado afirmar que os efeitos da observação de bebês têm um alcance bem maior do que as limitadas linhas deste livro.

Referências

Anzieu, D. (1988). *O Eu-Pele*. Casa do Psicólogo. (Trabalho original de 1985)

Aragão, R. O. (2007). *A construção do espaço psíquico materno e seus efeitos sobre o psiquismo nascente do bebê* [Dissertação de mestrado em Psicologia Clínica, Pontifícia Universidade Católica de São Paulo, São Paulo].

Aragão, R. O. (2016). *Presença/ausência materna e os processos de subjetivação* [Tese de doutorado, Pontifícia Universidade Católica do Rio de Janeiro, Rio de Janeiro].

Aragão, R. O. (2018). Entre mãe e bebê: continuidade, descontinuidade e ritmo. In R. O. Aragão & S. A-J. Zornig (Org.), *Continuidade e descontinuidade no processo de subjetivação do bebê*. Escuta.

Barriguete, M., Lebovici, S., Salinas, J. L., Moro, M. R., Solís-Poton, L., Botbol, M., Maldonado, M., & Córdova, A. (2014). A função do pai: na consulta terapêutica pais-bebês e no tratamento do transtorno alimentar da criança. In M. C. Pereira da Silva & L. Solis-Poton, *Ser pai, ser mãe – parentalidade: um desafio para o terceiro milênio* (pp. 57-65). Casa do Psicólogo.

REFERÊNCIAS

Barros, M. (2016). Poema XIII. In M. Barros, *O livro das ignorãças*. Alfaguara. (Trabalho original de 1993)

Beebe, B. (2017). Daniel Stern: microanalysis and the empirical infant research foundations. *Psychoanalytic Inquiry*, *37*(4).

Benedek, T. (1959). Parenthood as a developmental phase. A contribution to the libido theory. *Journal of the American Psychoanalytic Association*, *7*(3), 389-417.

Bick, E. (1967). Notas sobre la observación de lactantes en la enseñanza del psicoanálisis. *Rev. Psicoanal.*, *24*(1), 97-115.

Ciccone, A. (2007). Rythmicité et discontinuité des expériences chez le bébé. In A. Ciccone et al., *Le bébé et le temps* (pp. 13-38). Dunod.

Ciccone, A. (2015). Rôle de la rythmicité dans le développement du bébé. *L'Encéphale*, *41*(4), S15- S21.

Ciccone, A. (2018). A ritmicidade nas experiências do bebê, sua segurança interna e sua abertura para o mundo. In R. O. Aragão & S. A.-J. Zornig (Org.), *Continuidade e descontinuidade no processo de subjetivação do bebê* (pp. 15-28). Escuta.

Coblence, F. (1997). *Serge Lebovici. Psychanalystes d'aujourd'hui*. PUF.

Druon, C. (1997). Como o espírito vem ao corpo das crianças em UTI Neonatal. In M. Lacroix & M. Moymanrant (Org.), *A observação de bebês. Os laços do encantamento* (pp. 139-148). Artes Médicas.

Fraiberg, S., Adelson, E., & Shapiro, V. (2015). Fantasmas no quarto do bebê. *CEAPIA*, (7), 12-34. (Trabalho original de 1994)

Freud, S. (1920). Além do princípio do prazer. *Edição Standard Brasileira das Obras Psicológicas Completas de Sigmund Freud*. (Vol. XVIII, pp. 24-25, 1920-1969). Imago.

Freud, S. (1969). Inibições, sintomas e angústia. In S. Freud, *Edição standard brasileira das obras psicológicas completas de Sigmund Freud* (Vol. XX, pp. 91-169). Imago. (Trabalho original de 1926)

Giaretta, V., & Silva, M. R. (2019). Os indicadores de intersubjetividade e sua potência na clínica de crianças. *Revista Estudos e Pesquisas em Psicologia, 19*(1).

Golse, B. (2020a, 27 jul.). *As interações precoces e a construção do espaço de narração* [Webnário]. Instituto Entrelacer.

Golse, B. (2020b). Modelos de intersubjetividade: entre a psicanálise e a cognição. In J. Jung & F.-D. Camps (Ed.), *Psychopathologie et psychologie clinique. Perspectivas contemporâneas* (pp. 65-75). Dunod.

Golse, B. (2020c, 2 dez.). *Pensando a observação de bebês com Esther Bick e Emmi Pikler* [Conferência]. Sociedade Psicanalítica de Porto Alegre. https://www.youtube.com/watch?v=gM-NPhsxXUI.

Golse, B. (2021, 30 mar.). *Nuevos sufrimientos psíquicos, nuevos lazos. Nuevos psicoanalistas?* [Webinar]. Asociación Psicoanalítica Argentina. https://www.youtube.com/watch?v=4KRxuiGxXdY.

Golse, B., & Amy, G. (2020). *Bebês, maestros, uma dança das mãos.* Instituto Langage.

Golse, B., & Desjardins, V. (2005). Corpo, formas, movimentos e ritmo como precursores da emergência da intersubjetividade e da palavra. *Revista Latinoamericana de Psicopatologia Fundamental, 8*(1), 14-29.

Guerra, V. (2007, set.). *El ritmo en la vida psíquica: entre perdida y reencuentro* [Apresentação]. Colóquio Internacional Vínculos Tempranos, Clínica Y Desarrollo Infantil, Montevideo.

Guerra, V. (2013). Palavra, ritmo e jogo: fios que dançam no processo de simbolização. *Revista de Psicanálise da SPPA, 20*(3), 583-604.

Guerra, V. (2014a). *Indicadores de intersubjetividad 0-12m: del encuentro de miradas al placer de jugar juntos.* Trabalho baseado no filme de mesmo título realizado com fundos do Comitê Outreach da IPA.

172 REFERÊNCIAS

Guerra, V. (2014b). *Indicadores de intersubjetividade 0-12 meses: del encuentro de miradas al placer de jugar juntos*. Associação Psicanalítica do Uruguai, Comitê Outreach da IPA. (Vídeo documental).

Guerra, V. (2014c). Indicadores de intersubjetividad 0-12 meses: del encuentro de miradas al placer de jugar juntos (Parte II). *Revista da Sociedade Brasileira de Psicanálise de Porto Alegre, 16*(2), 411-435. http://sbpdepa.org.br/site/wp-content/uploads/2017/03/Indicadores-de-Intersubjetividad-0-12-Meses-del-encuentro--de-miradas-al-1.pdf.

Guerra, V. (2015a). *El ritmo en la vida psíquica. Diálogo entre psicoanálisis y arte*. Conferência aberta. Córdoba.

Guerra, V. (2015b). El ritmo y la ley materna en la subjetivación y en la clínica infantil. *Revista uruguaya de Psicoanálisis, 120*, 133-152.

Guerra, V. (2017a). Diferentes funções do ritmo na subjetivação e na criação. *Calibán: Revista Latino Americana de Psicanálise, 15*(1), 53-71.

Guerra, V. (2017b). O ritmo, a musicalidade comunicativa e a lei materna na artesania da subjetivação humana. *Revista de Psicoterapia da Infância e da Adolescência*, (26), 8-21.

Guerra, V. (2017c). O ritmo na vida psíquica: diálogos entre psicanálise e arte. *IDE, 40*(64), 31-54.

Guerra, V. (2018). Formas de (de)subjetivação infantil em tempos de aceleração: os transtornos de subjetivação arcaica. In R. O. Aragão & S. A.-J. Zornig (Org.), *Continuidade e descontinuidade no processo de subjetivação do bebê* (pp. 165-191). Escuta.

Guerra, V. (2020). A propósito del ritmo: diferentes versiones de la música de la vida psíquica. In V. Guerra, *Vida psíquica del bebé. La parentalidad y los procesos de subjetivación*. APU. (Biblioteca Uruguaya de Psicoanálisis, Vol. 12).

Haag, G. (2018). *Le moi corporel.* PUF; Humensis.

Haag, M. (2016). La douzaine de singularités de la méthode d'observation d'Esther Bick. Autoédition.

Hamilton, V. (1987). Rhythm and interpretation in maternal care and psychoanalysis. *Winnicott Studies*, (2), 32-48.

Houzel, D. (1997). Observação de bebês e psicanálise. Ponto de vista epistemológico. In M. Lacroix & M. Moymanrant (Org.), *A observação de bebês. Os laços do encantamento* (pp. 87-95). Artes Médicas.

Houzel, D. (2004). As implicações da parentalidade. In M. C. Pereira da Silva & L. Solis-Poton, *Ser pai, ser mãe – parentalidade: um desafio para o terceiro milênio* (pp. 47-52). Casa do Psicólogo.

Khan, M. M. (2000). Prefácio. In D. W. Winnicott, *Textos selecionados: da pediatria à psicanálise.* Imago.

Klein, M. (1952). Sobre a observação do comportamento dos bebês. In *Inveja e Gratidão e outros trabalhos* 1946-1963. Vol. III das Obras Completas de Melanie Klein Editora Imago (1991).

Larousse (2004). *Dicionário da língua portuguesa.* Larousse do Brasil.

Laznik, M. C. (2000). A voz como primeiro objeto da pulsão oral. *Estilos da Clínica*, 5(8), 80-93.

Lebovici, S. (1987). *O bebê, a mãe e o psicanalista.* Artes Médicas.

Lebovici, S., Solis-Ponton, L., & Barriguete, J. A. (2004). A árvore da vida ou a empatia metaforizante. In M. C. Pereira da Silva & L. Solis-Poton, *Ser pai, ser mãe – parentalidade: um desafio para o terceiro milênio* (pp. 41-46). Casa do Psicólogo.

Lecanuet, J.-P. (1997). Dans tous les sens... bref état des compétences sensorielles foetales. In M.-C. Busnel et al., *Que savent les foetus?* (pp.17-34). Éres.

Lev-Enacab, O. et al. (2015, nov-dez.). A qualidade dos movimentos espontâneos de bebês prematuros: Associações com a qualidade da interação mãe-bebê. *Infancy*, *20*(6), 634-660. https://doi. org/10.1111/infa.12096.

Lisondo, A. B. D. (2019). A observação psicanalítica: instrumento privilegiado na construção da identidade analítica. Os vértices de Bick, Bion e Meltzer. In N. R. A. F. França (Org.), *Observação de bebês: método e aplicações* (pp. 33-62). Blucher.

Macfarlane, A. (1977). *The psychology of childbirth*. Fontana/Open Books.

Mãe, V. H. (2016). Prefácio. In M. Barros, *O livro das ignorãças*. Alfaguara.

Magagna, J. (1997). O diálogo entre a mãe e seu bebê. In M. Lacroix & M. Moymanrant (Org.), *Observação de bebês. Os laços do encantamento* (pp. 45-48). Artes Médicas.

Malloch, M. (1999). Mothers and infants and communicative musicality. *Music Scientiae*, 3(1), 29-57. https://journals.sagepub. com/doi/10.1177/10298649000030S104.

Marcelli, D. (2007). Entre les microrythmes et les macrorythmes: la surprise dans l'interaction mère-bébé. *ERES/Spirale*, (44), 123-129.

Mélega, M. P. (2008a). Pesquisa da atividade simbólica com ênfase no estudo do brincar – Método de observação Esther Bick. In M. P. Mélega & M. C. Sonzogno (Org.), *O olhar e a escuta para compreender a primeira infância* (pp. 277-286). Casa do Psicólogo.

Mélega, M. P. (2008b). Fundamentos e metodologia da intervenção terapêutica conjunta pais-filhos. In M. P. Mélega & M. C. Sonzogno (Org.), *O olhar e a escuta para compreender a primeira infância* (pp. 197-205). Casa do Psicólogo.

Mélega, M. P., & Sonzogno, M. C. (2008). A vida e o trabalho de Esther Bick. In M. P. Mélega & M. C. Sonzogno (Org.), *O olhar e a escuta para compreender a primeira infância* (pp. 15-20). Casa do Psicólogo.

Meltzer, D. (1971a). A ordenação das confusões zonais. In D. Meltzer, *O processo psicanalítico* (pp. 18-31). Imago.

Meltzer, D. (1971b). Sincerity: a study in the atmosphere of human relations. In D. Meltzer & A. Hahn (Ed.), *Sincerity and other works: collected papers of Donald Meltzer* (pp. 185-284). Routledge.

Metzner, C. B. (2021). *O passo em falso na dança da subjetivação. O transtorno de subjetivação arcaica e sua abordagem na clínica psicanalítica* [Dissertação de mestrado, Pontifícia Universidade Católica de São Paulo, São Paulo].

Moro, M. R. (2005). Os ingredientes da parentalidade. *Rev. Latino-amerciana Piscopatologia Fundamental, 8*(2), 258-273.

Oliveira-Menegotto, L. M., Menezes, C. C., Caron, N. A., & Lopes, R. de C. S. (2006). O método Bick de observação de bebês como método de pesquisa. *Psicologia Clínica, 18*(2), 77-96.

Parentesco (2021). In *Michaelis. Dicionário brasileiro da língua portuguesa.* Melhoramentos. https://michaelis.uol.com.br/palavra/e3R58/parentesco.

Parizzi, B., & Rodrigues, H. (2020). *O bebê e a música.* Instituto Langage.

Parlato-Oliveira, E. (2019). *Saberes do bebê.* Instituto Langage.

Perez-Sanches, M. (1997). A observação de bebês, segundo Esther Bick, uma pauta musical. In M.-B. Lacroix & M. Monmayrant (Org.), *A observação de bebês. Os laços do encantamento* (pp. 57-60). Artes Médicas.

Prat, R. (2008). Une valse a trois temps. In P. Delion, *La méthode d'observation des bébés selon Esther Bick* (pp. 13-26). Érés.

Prat, R. (2022). A pré-história da vida psíquica: seu devir e seus traços na ópera do encontro e o processo terapêutico. In M. C. P. Silva (Org.), *Fronteiras da parentalidade e recursos auxiliares – Pensando a clínica da primeira infância* (Vol. 2; pp. 73-104.). Blücher.

Ribeiro, H. (2001). *Uma bibliografia comentada: ritmo.* Universidade Federal da Bahia. http://hugoribeiro.com.br/download-textos--pessoais/ritmo.pdf.

Ribeiro, F. S., Gabriel, M. R., Lopes, R. C. S, & Vivian, A. G. (2017). Abrindo espaço para um segundo bebê: impacto na constelação da maternidade. *Psicologia Clínica, 29*(2), 155-172.

Roussillon, R. (2005). Le traumatisme perdu. In R. Roussillon, *Paradoxes et situations limites de la psychanalyse* (pp. 398-433). PUF.

Roussillon, R. (2011). The primitive "inter-I" and primary "doubled" homosexuality. In R. Roussillon, *Primitive agony and symbolization* (pp. 123-146). Karnac.

Roussillon, R. (2012a). La séparation et la dialectique présence/absence. *Le Carnet PSY, 165*(7), 49-53. https://www.cairn.info/revue-le-carnet-psy-2012-7-page-49.htm.

Roussillon, R. (2012b). O desamparo e as tentativas de solução para o traumatismo primário. *Revista de Psicanálise da SPPA, 19*(2), 271-295.

Rustin, M. (2012). Infant observation as a method of research. In C. Urwin & J. Sternberg, *Infant observation and research. emotional process in everyday life* (pp. 16-17). Routledge.

Sandri, R. (1997). O grupo de observação. Escuta, rêverie, transformação. In M. Lacroix & M. Moymanrant (Org.), *A observação de bebês. Os laços do encantamento* (pp. 63-77). Artes Médicas.

Silva, M. C. P. (2021). Como tirar proveito de um mau negócio: controvérsias sobre os laços on-line. *Berggasse 19, 11*(2). Recuperado em 23 mar. 2023 de https://berggasse19.emnuvens.com.br/revista/article/view/46.

Silva, M. C. P., & Mendes de Almeida, M. (2019a). Observação psicanalítica da relação mãe-bebê na família – modelo Esther Bick. In M. C. Pereira da Silva, & M. Mendes de Almeida, *Infância, vínculos e diversidade profissional. Espaços para interlocução* (pp. 477-481). Blucher.

Silva, M. C. P., & Mendes de Almeida, M. (2019b). Resumo da grade de indicadores de intersubjetividade no primeiro ano de vida, de Victor Guerra. In M. C. Pereira da Silva, & M. Mendes de Almeida, *Infância, vínculos e diversidade profissional. Espaços para interlocução* (pp. 484-487). Blucher.

Silva, M. C. P., Serber, D., & Nogueira, M. T. F. (2019). O impacto emocional da observação de bebê no observador e na relação mãe-bebê. In M. C. Pereira da Silva & M. Mendes de Almeida, *Infância, vínculos e diversidade profissional. Espaços para interlocução* (pp. 39-51). Blucher.

Socha, A. (2010). *A voz e seus en-cantamentos: o fenômeno sonoro na constituição do self e no desenvolvimento humano* [Dissertação de mestrado, Pontifícia Universidade Católica de São Paulo, São Paulo].

Sociedade Artística Brasileira – Sabra. (2017). *O que é o ritmo musical*? Sabra, 2017. https://www.sabra.org.br/site/o-que-e-o--ritmo-musical.

Solis-Ponton, L. (2004). A construção da parentalidade. In M. C. Pereira da Silva & L. Solis-Poton, *Ser pai, ser mãe – parentalidade: um desafio para o terceiro milênio* (pp. 29-40). Casa do Psicólogo.

Spitz, R. A. (2016c). O estabelecimento do objeto libidinal. In R. A. Spitz, *O primeiro ano de vida* (pp. 151-167). Martins Fontes. (Trabalho original de 1979)

178 REFERÊNCIAS

Spitz, R. A. (2016a). O método. In R. A. Spitz, *O primeiro ano de vida* (p. 23). Martins Fontes. (Trabalho original de 1979)

Spitz, R. A. (2016b). O precursor do objeto. In R. A. Spitz, *O primeiro ano de vida* (pp. 87-108). Martins Fontes. (Trabalho original de 1979)

Stern, D. (1971). A micro analysis of mother-infant interaction. *Journal of the American Academy of Child Psychiatry, 10*(3), 501-517.

Stern, D. (1983, jan.). Le but et la structure du jeu mère-nourisson. *La psychiatrie de l'enfant, 26*(1), 193-216.

Stern, D. (1992). O senso de um eu emergente. In D. Stern, *O mundo interpessoal do bebê. Uma visão a partir da psicanálise e da psicologia do desenvolvimento* (pp. 33-60; M. A. V. Veronese, Trad.). Artes Médicas.

Stern, D. (1995). A natureza e a formação das representações do bebê. In D. Stern (Org.), *A constelação da maternidade. O panorama da psicoterapia pais/bebê* (pp. 79-97; M. A. V. Veronese, Trad.). Artes Médicas.

Stern, D. (1997a). O mundo representacional dos pais. In D. Stern (Org.), *A constelação da maternidade. O panorama da psicoterapia pais/bebê* (pp. 23-43; M. A. V. Veronese, Trad.). Artes Médicas.

Stern, D. (1997b). A constelação da maternidade. In D. Stern (Org.), *A constelação da maternidade. O panorama da psicoterapia pais/bebê* (pp. 161-178; M. A. V. Veronese, Trad.). Artes Médicas.

Stern, D. (2002). Missteps in the dance. In D. Stern, *The first relationship: infant and mother* (pp. 133-156). Harvard University Press, 2002.

Stern, D. (2010a). *Forms of vitality: exploring dynamic experience in psychology, the arts, psychotherapy and development.* Oxford University Press.

Stern, D. (2010b, abr.). *A developmental perspective on intersubjectivity from birth* [Palestra]. Sigmund Freud Institut, Alemanha. https://www.youtube.com/watch?v=N_j4q45GHDY.

Sulpício, C., Bomfim, C. C., & Sulpício, E. C. M. G. (2019). Ritmo e tempo nas artes sob uma ótica holística. *Revista VIS, 18*(1). 78-106.

Tabbia, C. (2008). *O conceito de intimidade no pensamento de Donald Meltzer* [Apresentação de trabalho]. São Paulo, 2008. Encontro internacional "O pensamento vivo de Donald Meltzer", Sociedade Brasileira de Psicanálise de São Paulo, São Paulo.

Tosta, R. M. (2001). *Psicossomática na infância: um estudo de criança com artrite reumatóide* [Tese de doutorado em Psicologia, Pontifícia Universidade Católica de São Paulo].

Tosta, R. M. (2012). Os princípios das consultas terapêuticas como parâmetros para a clínica winnicottiana. *Rabisco Revista de psicanálise, 2*(1).

Tosta, R. M. (2019a). Analista-ambiente e analista-objeto como funções na clínica winnitottiana: teoria e ilustrações. *Revista Latinoamericana de Psicopatologia Fundamental, 22*(3).

Tosta, R. M. (2019b). O fazer do pesquisador e a pesquisa psicanalítica. In I. Kublikowski, E. Kahhale & R. M. Tosta, *Pesquisas em psicologia clínica: contextos e desafios* (pp. 285-304). Educ/ Editora da PUC.

Trevarthen, C. (1999). Musicality and the intrinsic motive pulse: evidence from human psychobiology and infant communication. Special Issue of *Musicae Scientiae*, 3(1), 155-215. https://www.deepdyve.com/lp/sage/musicality-and-the-intrinsic-motive--pulse-evidence-from-human-vdvBFY69Fh?key=sage.]

180 REFERÊNCIAS

Trevarthen, C. (2017). The affectionate, intersubjective intelligence of the infant and its innate motives for relational mental health. *Int. Journal of CAT & RMH*, *1*(1), 11-52.

Trevarthen, C., & Aitken, K. J. (2019). A protoconversação e o jogo com os recém nascidos. In C. Trevarthen, K. Aitken & M. Gratier, *O bebê nosso professor* (pp. 26-31). Instituto Langage.

Trevarthen, C., & Delafield-Butt, J. T. (2017). Intersubjectivity in the imagination and feelings of the infant: implications for education in the early years. In E. White & C. Dalli, *Under-three year-olds in policy and practice* (pp. 17-39). Springer. https://link.springer.com/chapter/10.1007/978-981-10-2275-3_2.

Trevarthen, C., & Malloch, S. (2009) Musicality: communicating the vitality and interests of life. *ResearchGate*, jan. 2009. https://www.researchgate.net/publication/264857700_Musicality_Communicating_the_vitality_and_interests_of_life.

Urwin, C., & Sternberg, J. (2012). Introduction. In C. Urwin & J. Sternberg, *Infant observation and research. Emotional process in everyday life* (p. 17). Routledge.

Winnicott, D.W. (1990a). Comunicação e falta de comunicação levando ao estudo de certos opostos. In D. W. Winnicott (Org.), *O ambiente e os processos de maturação: estudos sobre a teoria do desenvolvimento emocional* (pp. 163-174). Artes Médicas. (Trabalho original de 1963)

Winnicott, D. W. (1990b). O desenvolvimento da capacidade de se preocupar. In D. W. Winnicott (Org.), *O ambiente e os processos de maturação: estudos sobre a teoria do desenvolvimento emocional* (pp. 70-78). Artes Médicas. (Trabalho original de 1963)

Winnicott, D. W. (1990c). Os estados iniciais. In D. W. Winnicott, *Natureza humana* (pp. 147-152). Imago. (Trabalho original de 1988)

Winnicott, D. W. (1990d). Sobre a contribuição da observação direta da criança para a psicanálise. In D. W. Winnicott (Org.),

O ambiente e os processos de maturação: estudos sobre a teoria do desenvolvimento emocional (pp. 101-105). Artes Médicas. (Trabalho original de 1957)

Winnicott, D. W. (1993a). Preocupação materna primária. In D. W. Winnicott (Org.), *Textos selecionados: da pediatria à psicanálise* (pp. 491-498). Francisco Alves. (Trabalho original de 1956)

Winnicott, D. W. (1993b). Psicose e cuidados maternos. In D. W. Winnicott (Org.), *Textos selecionados: da pediatria à psicanálise* (pp. 375-387). Francisco Alves. (Trabalho original de 1952)

Winnicott, D.W. (1994). A experiência mãe-bebê de mutualidade. In D. W. Winnicott, *Explorações psicanalíticas* (pp. 195-202). Artes Médicas. (Trabalho original de 1969)

Winnicott, D.W. (1996a). A contribuição da mãe para a sociedade. In D. W. Winnicott, *Tudo começa em casa* (pp. 97-100). Martins Fontes. (Trabalho original de 1966)

Winnicott, D. W. (1996b). A cura. In D. W. Winnicott, *Tudo começa em casa* (pp. 87-93). Martins Fontes. (Trabalho original de 1970)

Winnicott, D.W. (1997). O relacionamento inicial entre uma mãe e seu bebê. In D. W. Winnicott, *A família e o desenvolvimento individual* (pp. 21-28). Martins Fontes. (Trabalho original de 1965)

Winnicott, D.W. (2013). A comunicação entre o bebê e a mãe e entre a mãe e o bebê: convergências e divergências. In D. W. Winnicott, *Os bebês e suas mães* (pp. 79-92). Martins Fontes. (Trabalho original de 1968)

Winnicott, D. W. (2019a). A criatividade e suas origens. In D. W. Winnicott, *O brincar e a realidade* (pp. 108-140). UBU. (Trabalho original de 1971)

Winnicott, D. W. (2019b). A localização da experiência cultural. In D. W. Winnicott, *O brincar e a realidade* (pp. 154-166). UBU. (Trabalho original de 1971)

Winnicott, D. W. (2019c). Objetos transicionais e fenômenos transicionais. In D. W. Winnicott, *O brincar e a realidade* (pp. 13-51). UBU. (Trabalho original de 1971)

Winnicott, D. W. (2019d). O papel do espelho da mãe e da família no desenvolvimento infantil. In D. W. Winnicott, *O brincar e a realidade* (pp. 177-188). UBU. (Trabalho original de 1971)

Yogman, M. (1982). Observations on the father-infant relationship. In S. H. Cath, A. R. Gurwitt & J. J. Ross (Ed.), *Father and child, development and clinical perspectives*. Little, Brown & Company.

Zornig, S. M. A-J. (2010). Tornar-se pai, tornar-se mãe: o processo de construção da parentalidade. *Tempo Psicanalítico*, *42*(2), 453-470.

GRÁFICA PAYM
Tel. [11] 4392-3344
paym@graficapaym.com.br